步步成佛

華嚴入門與十地修行

釋法源 著

自序

在未學佛之前，自認為是個科技人，所以將佛教視為迷信。從在國防部中山科學研究院任職，留學美國獲得紐約科技大學（Polytechnic University）機械控制工程碩士學位，返回中科院從事資訊網路工程及管理資訊系統（MIS）等開發工作，又奉派赴英國克蘭菲爾大學（Cranfield University）短期進修資訊管理研究，以精進資訊技能。這些科技研究背景，讓我一切談理性、講證據，對於無法驗證的，一概不予採信。

直到任職中科院期間，開始接觸佛法，對於佛法的精深博大，極為科學化的思辨邏輯，蘊涵宇宙如實真理，內心深覺折服而嚮往。透過佛法的思惟簡擇與熏習，漸能體會世俗的事業、家庭、親情、愛情，即使現況再好，終究離不開無常幻化，而有情眾生對世間染著而以自我為中心的執取，正是普遍且必然的痛苦來源。為把握難得人生、探究佛法真理，遂於二〇〇三年自中科院辭職出家，披剃於西蓮淨苑上惠下敏和尚座下，並由家師慈悲引介參加中華佛學研究所的「《瑜珈師地論》資料庫專案計畫」，並參與《南山律學辭典》電子書開發工作，有機會對佛學正知見得到進一步學習與了解。

二〇一二年應聘於法鼓山僧伽大學，教授「印度佛教史」、「華嚴導讀」、「阿含導讀」等課程，由於教學相長的因緣，對於《華嚴經》得以有更深入的探究。同時，也對漢傳佛教之華嚴宗的教理哲學，得到更完整地認識。本書擬介紹《華嚴經》這種次第井然而又圓頓的經教，以及漢傳佛教的華嚴宗教理哲學。華嚴宗以《華嚴經》為基礎，發展出一套非常有系統的修學體系，但可惜近代較少人注重它、欣賞它，乃至實際去修學。華嚴宗教理哲學，完全符合我們現代的邏輯思維，有一種系統工程學的概念，是相當地了不起的；某些思想觀念，甚至超越了現在的科學範疇。

《華嚴經》法界緣起的觀念，相當地深奧，也比較難以想像。但是，我們夜觀星空，會發現整個宇宙的星系和星體，也是這種重重無盡的狀態；現在的網際網路，事實上也是這樣，不斷地互相連接，一乘十玄重重無盡。隨著科學技術的發達，以及理論研究的發現，從二十世紀以來，有些重要的理論或實驗，都逐步應證了佛經所講的這種宇宙觀，慢慢地應證了「三界唯心、萬法唯識」的概念。包括「量子物理」、「超弦理論」、「全息宇宙」等理論及科學實驗，都恰恰好可以解釋佛經所說的「諸法唯心所造」的觀念，而心物相通的觀念，也不斷地得到科學的證明。

華嚴的教理非常深廣，要將它實踐出來，就得修學十地法門。十個位階好像十層樓，必須從一樓爬到二樓，再從二樓登上三樓，按次第逐地增上。同時，必須具備「六相圓融」的觀念，才能掌握十地修行的整體性、關聯性，以及動態性。掌握了全體和部分，才算掌握整體，這個是總相、別相的圓融。同相、異相的圓融，在於了解什麼是相同的性質，什麼是不相同的，以掌握性質的關聯性。生滅相就是系統的動態性，它如何產生，又如何消失，如果我們把它放在聽聞佛法、思惟佛法、修行佛法，就可以建立立體化的思考，讓思考更活潑、態度更彈性、知識更豐富。當知識豐富、思考活潑了，我們的態度就會更有彈性，不會有人我執，也不會有法我執，煩惱就不會產生了。

小乘聲聞乘的斷煩惱方式，和大乘的方式有些不一樣。聲聞乘的解脫方式，可說是拿著「武器」直接跟煩惱對抗，直接交戰，儼然是一種有效的方法。大乘解脫的方法，則有一點迂迴，透過態度的彈性、思考的活潑、知識的豐富，慢慢地消融煩惱執著。大乘的解脫方法比較活潑、比較迂迴，但是不去與煩惱對立，不用好像在打仗一樣疲於奔命，這是華嚴的系統思考，值得我們學習。另外，華嚴宗「法界緣起」的觀念，可以放大我們的生命格局，大到和法界一樣無邊無際。將心量和格局放得很大，生命可以更為圓融。透過「一乘十玄」、「理事無礙」的修學，可以徹底斷除煩惱跟執著。

華嚴宗所講的一真法界，重點在一念心；心念轉得過去，就是聖賢，心念轉不過去，就是凡夫。一念心，轉得過去就清淨自在，轉不過去就痛苦連連；如果好好去深入這個道理，不見得要跟貪、瞋、癡三毒去對抗。直接從道理上的了解，斷除我們的執著，這是一個非常殊勝的妙法，值得大家一起去學習。

法界緣起是圓融無礙的，大家都是一體的，只是扮演的角色不一樣而已，有主角、配角等各種角色扮演；在一真法界中，共同具足了法性跟佛性，不需要分別執著，也不需煩惱爭鬥。讓我們一起修學《華嚴經》，深入學習十玄六相、圓融無礙的道理，早日成就佛道。

目錄

表目錄

前言

《華嚴經》是佛陀成道後，所講的第一部經典。其實，佛陀成就無上正等正覺後，原本決意要直接入涅槃，並不準備向世人說出他證悟到的妙法。為什麼佛陀不願意說出他的成佛妙法呢？因為成佛妙法的義理很深，非凡人所能理解，甚至還可能遭到誤解，所以不如不說。

佛陀思考了四十九天，有一次看到了蓮花池中，有的蓮花已長出水面，有的花莖還沉浸水底……，各式各樣的不同生長情況，讓佛陀聯想到眾生的聞法根器也是如此，不能因為有些人不能接受佛法，就忽視了可以接受者，而且無法接受者也是需要加以引導的。因此，佛陀才接受梵天的請法，宣說了《華嚴經》。

《華嚴經》的「華」字，是「花」的古字，表示修行成佛像花一樣地清淨莊嚴。《華嚴經》展現出莊嚴而不可思議的成佛境界，乍看讓人覺得成佛是遙不可及的事；然而，佛陀在經中揭露了一個重要的祕密——「奇哉！奇哉！此諸眾生具有如來智慧德相」，也就是說，一切眾生都有像諸佛如來一樣的佛性、覺性，只是被妄想執著所蒙蔽了。所以我們要有信心，只需放下煩惱執著，人人都能成佛。

從理論上來說，眾生皆有佛性，所以成佛應該非難事，為何仍有那麼多眾生在生死流轉不能成道？主要是因為大家還不明瞭斷除妄想執著的修行方法。在《華嚴經》的〈十地品〉中，就提供了詳細的修行次第與學習系統。本書將深入淺出地介紹十個菩薩位階的修練心要（六相圓融）及方法步驟（十波羅蜜），若能掌握重點並練習純熟，成佛將不再遙不可及了。

另外，本書將引用現代科學及天文物理的最新發現，如「量子物理」、「全息理論」、「循環宇宙論」等，來對照解釋華嚴法界的不可思議境界，幫助大家更具相地體會諸佛如來的現觀證量。我們既然有機緣得聞《華嚴經》這部成佛寶典，就應把握難得人身、學習難逢佛法，努力修行以度此身！

〈第一篇〉

華嚴經論簡介

一、《華嚴經》的由來

《華嚴經》的緣起傳說及歷史淵源，具有不少的傳奇色彩。根據漢傳佛教的說法，本經是印度大乘佛教的重要人物——龍樹菩薩，進入龍宮靠著記憶背誦，而傳回到人間的。《華嚴經》充滿神奇的流通因緣、艱辛的漢譯歷程，以及難懂的深廣境界，不但沒有減低漢傳佛教對本經的重視，反而將之推崇為「經王」。

（一）宣講緣起

《華嚴經》全名為《大方廣佛華嚴經》，梵文經名為mahā（大）-vaipulya（方廣）-buddhâvataṃsaka（佛華嚴）-sūtra（經），以寶花的莊嚴，來比喻這部教導成就佛道的大乘深廣經典。常有人將《華嚴經》全名的斷字方式讀成「大方廣佛・華嚴經」，從梵文經名來看，經名應讀為「大方廣・佛華嚴・經」。「佛華嚴」是一種三昧力，在《華嚴經・賢首品》以偈頌「如是一切皆自在，以佛華嚴三昧力，一微塵中入三昧，成就一切微塵定，而彼微塵亦不增，於一普現難思剎」，來描述諸佛如來一即一切、自在無礙的三昧力。

根據天台宗的「五時判教」，將釋迦牟尼佛所說之教法，歸納為：華嚴時、阿含時、方等時、般若時、法華涅槃時等五個階段。《華嚴經》是佛陀悟道後，所宣說的第一部經典，佛陀為文殊菩薩、普賢菩薩等上乘菩薩，解釋無盡法界的不可思議妙旨，顯示三世諸佛的因行果德，猶如寶花般的莊嚴，開創出至真、至善、至美的「一真法界」，達到華嚴「理無礙、事無礙、理事無礙、事事無礙」的圓融境界。

《華嚴經》的世界觀是「華藏世界海」，揭示出宇宙是廣袤微妙的，世界是重重無盡的。我們所處的地球在華藏世界海中，細小如一粒塵埃；但在這塵埃般的地球上，卻能夠顯現出「一花一世界，一葉一如來」。現代科學家發現，宇宙當中其實沒有大小之分，再小的物質裡，也都涵藏著全部的資訊，稱之為「全息宇宙理論」。因此，我們從一粒細沙可以看見三千大千世界，一切法，沒有大小、先後、遠近、去來，這就是諸法實相，萬事萬物真實的面目。

佛陀在「七處九會」宣講《華嚴經》，除了第一次法會是在人間的菩提道場宣講，以及第九次法會在逝多林給孤獨園宣講外，其餘皆在天界宣講。第三、四、五、六次法會，分別在欲界天的忉利天宮、夜摩天宮、兜率天宮、他化天宮宣講；第二、七、八次法會，則都在色界天的普光明殿宣講。為什麼佛陀宣講《華嚴經》，大部分的處所在天界呢？或許天人的福德及智慧較高，比較能聽得懂吧！我們人道眾生有此因緣研修《華嚴經》，真的要好好珍惜福報！

（二）流通傳說

有關《華嚴經》的流通過程，很多記載都充滿著傳奇的色彩。根據唐代法藏大師《華嚴經探玄記》，以及澄觀大師《華嚴經疏》的記述，本經是文殊菩薩與阿難尊者，於鐵圍山間結集，並收入於龍宮。後來，由印度大乘佛教的龍樹菩薩，進入龍宮靠著記憶背誦，再傳回人間。祕藏在龍宮的《華嚴經》共有下本、中本、上本三個版本，內容長度各有不同。其中下本經有十萬偈（每偈四句，共四十萬句），四十八品。中本經有四十九萬八千八百偈，一千二百品。上本經則有十三千大千世界微塵數偈，四天下微塵數品。

上本經及中本經兩個版本內容太多，實非閻浮提眾生的心力能夠受持，所以不傳到人間。十萬頌的下本經，是龍樹菩薩背誦流傳人間的版本。龍樹菩薩在《大智度論》提到的十萬偈《不可思議經》，就是下本《華嚴經》。幸好龍樹菩薩有著超強的記憶力，將十萬偈《華嚴經》背誦下來，今日我們才有福報聽聞此經。

根據鳩摩羅什大師所譯的《龍樹菩薩傳》記載，龍樹菩薩也是個傳奇的人物，他自幼聰穎，但不務正途，年輕時曾與好友三人學會隱身術，進入王宮調戲宮女。國王看不到他們，只好命令武士在空中揮刀，當場斬殺了他的三個友人。龍樹菩薩則憑著機智，緊靠國王身側而逃過一劫，事後深深領悟「欲為苦本」而決心出家，加入佛教僧團，開始修行。

龍樹菩薩原本在小乘佛教道場出家，學完小乘經論後，到印度各地參訪並學習大乘佛教經典。由於龍樹菩薩聰明絕頂，很快就遍學了大乘經論，並生起邪慢心，想要自立大乘僧團，企圖改變佛陀所制定的僧服形式及顏色，並自行傳授新戒。有位大龍菩薩為了消除龍樹菩薩我慢無知的心態，便引導他進入龍宮，看看《華嚴經》不可思議義理的浩瀚深廣。果然，龍樹菩薩受到極大的震懾，從龍宮傳出《華嚴經》後，開始著作《十住毘婆沙論》，為《華嚴經．十地品》做註解；並虛心精勤弘法，寫出了數部重要的論典，最終開啟了劃時代的印度初期大乘佛教「中觀學派」。後來，漢傳佛教各宗派，更尊奉他為「八宗共祖」。

（三）經文翻譯

翻譯為漢文的《華嚴經》，共有以下三種版本：

⑴東晉時期，印度高僧佛陀跋陀羅法師的譯本，共有六十卷，為區別於後來的唐譯本，又稱為《舊華嚴》，或稱為《六十華嚴》。

(2)唐武周時期，西域高僧實叉難陀法師的譯本，共八十卷，又稱為《新華嚴》，或稱為《八十華嚴》。

(3)唐貞元時期，印度高僧般若法師的譯本，共四十卷，全名是《大方廣佛華嚴經入不思議解脫境界普賢行願品》，簡稱為《普賢行願品》，或稱為《四十華嚴》。

1.《六十華嚴》

《華嚴經》第一譯的六十卷本，梵文共三萬六千偈，由慧遠大師的弟子支法領法師從西域于闐（今新疆和田一帶）東南的遮拘槃國，請到中國。據說當時遮拘槃國王宮藏有華嚴、般若、大集等經典，由國王親自管理，防護森嚴，禁止外傳。支法領法師裹囊跋涉，精誠求法，感動了遮拘槃國王，乃同意將原本國法嚴禁外流、別藏於山窟的《華嚴經》前分三萬六千偈，交付東傳。

當支法領法師請回三萬六千偈《華嚴經》前分，尚無精通梵文高僧可以翻譯。此時正好來自北印度罽賓國高僧佛陀跋陀羅（西元三五九—四二九年），歷經三年，輾轉翻山越嶺，終於抵達交趾，再經海路到達中國青州。東晉義熙十四年（西元四一八年）官署賢達聯名恭請佛陀跋陀羅尊者，在揚州（今南京）道場寺開始譯經，並於元熙二年（西元四二〇年）翻譯完畢，劉宋永初二年（西元四二一年）完成複校。初譯出時分五十卷，後改為六十卷，共分為三十四品，包含七處、八會的說法，史稱晉譯本或《六十華嚴》。

2.《八十華嚴》

《華嚴經》第二譯的八十卷本，梵文四萬五千頌，唐代則天武后以《舊華嚴》之七處八會尚未完備，感到缺憾，於是派遣使者到于闐求取經筴，並請來于闐國三藏法師實叉難陀譯經。實叉難陀（西元六五二—七一〇年），於唐武周證聖元年（西元六九五年），持梵本《華嚴經》來到東都洛陽，奉武后之命在洛陽大遍空寺開始翻譯，武后親臨譯場首題品名，菩提留志、義淨同宣梵本，復禮、法藏等法師並參與筆受潤文。

本經於聖曆二年（西元六九九年）在佛授記寺翻譯完畢，共有八十卷，內容分為三十九品，包含七處（同舊譯）、九會（新增「普光明殿」一會）的說法，史稱唐譯本或《八十華嚴》。此經翻譯完成之後，護持佛教的武后大為歡喜，親自提筆寫下有名的〈開經偈〉：「無上甚深微妙法，百千萬劫難遭遇，我今見聞得受持，願解如來真實義。」成為後代誦經前，必先念誦的偈頌，影響十分深遠。

3.《四十華嚴》

《華嚴經》第三譯的四十卷本，梵文一萬六千七百偈，能傳到中國是一個殊勝難得的因緣。唐代的玄奘大師、義淨大師等諸多高僧，紛紛前往印度取經西行求法。南天竺烏荼國王可能有感於東土樂求佛法，親手書寫一萬六千七百偈《華嚴經》，並派遣使者於貞元十一年（西元七九五年）送贈到唐。翌年六月，唐德宗囑付罽賓三藏般若法師，在長安崇福寺從事翻譯，至貞元十四年（西元七九八年）二月翻譯完畢，共四十卷，史稱《四十華嚴》。

來自罽賓的三藏般若法師從印度出發，由海路乘船經南海諸國，於唐德宗建中二年（西元七八一年）抵達廣州，後來受邀參加譯經工作。在隋唐譯經史上，般若法師是最後一位大譯師，所譯出的《四十華嚴》也是唐代譯出的最後一部大部頭的經典。此後，隋唐譯經事業逐漸衰微。《四十華嚴》的內容，約等同晉譯及唐譯《華嚴經》的〈入法界品〉一品，但文字內容更為增多；尤其是四十卷有「普賢十大行願」，和新添的「普賢廣大願王偈頌」，是前此兩譯《華嚴經》中所未有的。

（四）經王推崇

歷代顯密經典中，有不少自稱經王，也有被讚歎推崇為經王的，諸如《法華經》、《金光明經》等，而《華嚴經》則特別受到漢傳佛教祖師大德的重視及推崇。

明代蕅益大師在《靈峰蕅益大師宗論》卷十提出：「《華嚴》圓頓經王，普賢法界宗主。十願導歸極樂，便是玄極微旨。」主要在讚歎《華嚴經》深廣的教理，結合普賢菩薩的願行，達到解行並重、理事無礙的境地。

而普賢菩薩的十大願王，最終導歸於淨土法門，穢土、淨土了無障礙，能夠直顯「事事無礙」微妙而不可思議的意旨。所以，蕅益大師將《華嚴經》推崇為經王。

另外，蕅益大師也解說了《華嚴經》成為經王的理由，包括：佛華嚴三昧，即指從基本的持戒、禪定、智慧三學下手，藉由保持清淨自性，到達圓顯清淨佛性。這種全性起修、全修在性的經教，超越小乘及權教，直達佛性且直接修行成佛，故稱為經王。

明代禮部學士錢謙益在《華嚴經海印道場九會請佛儀》也提出：「華嚴之為經王也，夫人而知之矣。」說明《華嚴經》在歷史上，普遍受到大眾的推崇而成為經王，是人所皆知的。從魏晉南北朝到隋唐以來，除了受到高僧大德的看重而加以翻譯之外，歷代也有很多祖師大德為《華嚴經》作註疏，例如，杜順和尚之《華嚴五教止觀》、法藏大師之《華嚴經問答》、澄觀大師之《華嚴經疏》等作品。甚至，漢傳佛教還成立了華嚴宗，以《華嚴經》做為修行的主要指導。由以上的事例，可知此經在中國受到重視及推崇之程度。

雖然佛陀已經涅槃不在人間，但是我們依著成佛寶典《華嚴經》修行，掌握〈十地品〉的十種波羅蜜修行方法，步步踏實，層層深入，便能學佛成佛。

二、《十地經論》內容

印度世親菩薩的《十地經論》是詮釋華嚴十地法門的重要論著，主要在說明菩薩修學十地法門的理論與實務操作方法，成為理解和修行《華嚴經・十地品》或單行本《十地經》的重要論典。

漢譯《華嚴經・十地品》的單行本，包括《漸備一切智德經》、《十住經》、《十地經》等，詳如表一。

表一：《華嚴經・十地品》單行本

經名	譯者	翻譯年代
《漸備一切智德經》	西晉・竺法護	西元二九七年
《十住經》	姚秦・鳩摩羅什	西元四〇二至四〇四年
《十地經》	唐・尸羅達磨	西元七五三至七九〇年

另外，對《華嚴經・十地品》的註釋書，則包括《十住毘婆沙論》和《十地經論》，詳如表二。

表二：《華嚴經・十地品》註釋書

論名	作者	譯者	翻譯年代
《十住毘婆沙論》	龍樹	姚秦・鳩摩羅什	不詳
《十地經論》	世親	北魏・菩提流支等	西元五〇八至五一一年

《十地經論》的漢譯，為漢傳佛教經論的註釋，做了很好的示範。不僅有詮釋的主軸，又能綱目清楚、提出重點。《十地經論》採用「六相」來詮釋《華嚴經．十地品》經文中，諸多「十句」內容的義理。此舉被華嚴宗所學習及繼承，對後世華嚴宗立教開宗的影響，可由華嚴宗諸位祖師，如三祖法藏大師、四祖澄觀大師的眾多華嚴著述，窺其一斑；對華嚴經教在漢傳佛教的傳播，以及十地修學法門的普及與實踐，也產生重大的作用。《十地經論》對漢傳佛教的其他宗派，產生非常重要的影響，不僅催生了地論師的南道派與北道派，也為以後出現的慈恩宗奠定了基礎。

（一）《十地經論》簡介

《華嚴經．十地品》在印度是備受重視的，出生南印度的龍樹菩薩，曾對〈十地品〉做註釋，即《十住毘婆沙論》；而出生在北印度犍陀羅國的世親菩薩，也曾對〈十地品〉特別地詳加註釋，而完成著名的《十地經論》。

在中國，《華嚴經》尚未被全部翻譯出來以前，《華嚴經．十地品》就以

《十地經》、《十住經》、《漸備一切智德經》等單譯本的形式廣為流傳，由此可見菩薩十地修行的重要性。

世親菩薩的《十地經論》，非常有系統地解釋菩薩十地修行方法及內容，對十地修學境界的心法、行相、殊勝功德的闡釋，構成其重要內涵。《十地經論》的漢文譯本共十二卷，由菩提流支、勒那摩提共同翻譯，於西元五〇八年夏天譯出。這部論在漢傳佛教的發展史上，曾起過相當重要的作用。《十地經論》在漢譯後，由於道寵、慧光等法師的積極弘揚，而形成了「地論宗」。在西元六世紀時，地論宗又分為南道、北道兩派，曾經盛極一時。

另外，《十地經論》也促成漢傳佛教華嚴宗的創立，對菩薩十地法門的修學與實踐，產生了十分重大的作用。

（二）重要義理內涵

《十地經論》舉出「六相」來解釋《華嚴經》經文中，各種十法的意義。「六相」是從初地菩薩，第四願中菩薩方便行的經文提出來的，包括：總相、別相、同相、異相、成相、壞相。總相、別相是整體與部分的圓融無礙，同相、異相是性質上的圓融無礙，而成相、壞相則是時空上的圓融無礙。發展到後來，漢傳佛教華嚴宗祖師的著作，普為使用「六相圓融」的釋義。

世親菩薩將《華嚴經》既有的「六相」之說，廣泛運用於《十地經》，諸多「十句」的詮釋中，如第一句是總相，其餘九句是別相的說明，各句也分別以同異、成壞等相來做系統性討論，這些都是《十地經論》詮釋義理的重要特點。

其次，《十地經論》裡解釋五地菩薩為饒益一切眾生，要善用五種世間知識（五明：聲明、因明、醫方明、工巧明、內明），這些世間知識，如文字、語言、算術、醫方，乃至工藝技術等，可以用來協助社會大眾解決民生經濟，以及修行所需資糧等問題，也使得佛法和世間法有所會通。因此，達到慈悲、智慧及善巧三者，平衡發展、圓融無礙的境地。

（三）十地修行要點

無論是〈十地品〉還是《十地經》，都是以闡釋菩薩「十地」修行的義理及方法為主軸的。《十地經》在世親菩薩的悉心分析整理之下，彰顯出完整的菩薩十地修行次第及階位。修學華嚴法門，需對十地內涵的信解與行證，乃是整個修學悟道過程中的關鍵次第和重要步驟，要有深入地了解。菩薩從初地「歡喜地」到十地「法雲地」，不斷修行而自我提昇。從初地開始，後續每一地，均是在善修前地的基礎上，獲得更高層次的修行境界。

在修行方法上，十地的修學，逐漸超過一切人、天、聲聞、獨覺等乘，而逐漸進入菩薩階位。其中，初地至第三地，修學共人天乘的世間善法，包括布施、持戒、禪定等；第四地至第六地，修學共聲聞及緣覺二乘的出世間善法，包括「三十七道品」、「四聖諦」、「十二因緣」等，以體證般若空性的「根本智」；第七地至第十地則修學大乘不共的出世間上上善法，包括「方便慧」、「成就眾生願」、「四無礙智」及「佛智」等，以體證方便化他的「後得智」。

在修行重點方面，「十地」的修學與「十波羅蜜」相應，前六地修學布施、持戒、忍辱、精進、禪定、般若等六種波羅蜜；第七地至第十地，則與第六地般若波羅蜜為基礎，開展出的方便、願、力、智等四種波羅蜜功能相對應。並以四攝法（布施、愛語、利行、同事），來利益及度化眾生。

在斷除障礙上，整體而言，菩薩十地階位的修行，具有消除從凡夫眾生直至聲聞、緣覺，乃至菩薩各階段「所知障」、「煩惱障」的功用。個別而言，菩薩各地階位的修行，具有對應破除「十障」的作用。包括：「凡夫我相」、「邪行於眾生身等」、「闇相於聞思修等諸法忘」、「解法慢」、「身淨我慢」、「微煩惱習」、「細相習」、「於無相有行」、「不能善利益眾生」、「於諸法中不得自在」等所謂十種障礙。至於十地修行果證所對應的乘位而言，從人乘、天乘、聲聞乘、緣覺乘、菩薩乘，及至一佛乘，逐一增上並實際體證，詳如表三。

表三：十地修行總表

<table>
<tr><th colspan="2">十地</th><th colspan="2">修行方法（大乘心行）</th><th colspan="2">修行重點</th><th rowspan="2">斷障</th><th rowspan="2">寄乘</th></tr>
<tr><th></th><th></th><th></th><th></th><th>十波羅蜜</th><th>四攝</th></tr>
<tr><td>一</td><td>歡喜地</td><td rowspan="3">共人天乘（世間善）</td><td>布施</td><td>布施</td><td>布施 愛語</td><td>凡夫我相障</td><td>人乘</td></tr>
<tr><td>二</td><td>離垢地</td><td>持戒</td><td>持戒</td><td>愛語</td><td>邪行於眾生身等障</td><td>欲界天乘</td></tr>
<tr><td>三</td><td>發光地</td><td>禪定</td><td>忍辱</td><td>利行</td><td>闇相於聞思修等諸法忘障</td><td>色界無色界天乘</td></tr>
<tr><td>四</td><td>焰慧地</td><td rowspan="3">共二乘（出世間善）
根本智（般若證空）</td><td>三十七道品</td><td>精進</td><td>同事</td><td>解法慢障</td><td>須陀洹乘</td></tr>
<tr><td>五</td><td>難勝地</td><td>觀四諦</td><td>禪定</td><td rowspan="2">四攝並具</td><td>身淨我慢障</td><td>阿羅漢乘</td></tr>
<tr><td>六</td><td>現前地</td><td>觀緣起</td><td>般若</td><td>微煩惱習障</td><td>緣覺乘</td></tr>
</table>

七	遠行地	大乘不共（出世間上上善）	後得智（方便化他）	方便慧	方便	四攝並具	細相習障	菩薩乘
八	不動地			成就眾生	願		於無相有行障	一乘
九	善慧地			四無礙智	力		不能善利益眾生障	
十	法雲地			佛智	智		於諸法中不得自在障	

「十地」的修學，由各地「因位」不斷上升的次第和階位，逐步達到成佛之「果證」。菩薩的十地修行，則是通過持續調伏自心，並與「三界唯心」不斷自我提昇的過程。以下，對各地的修學方法、重點、斷障、寄乘等內容，分別加以說明。

1. 釋義第一歡喜地

初地「歡喜地」，也被稱為「極喜地」。此地的菩薩，斷除執著生死身見的凡夫性障——異生性障，確實知道將來必定會成佛。就像誕生在佛法家族中，註定會繼承諸佛的一切功德，荷擔起如來家業，菩薩因此獲得遠遠勝過世間的快樂。此地的菩薩主要修學「布施波羅蜜」，其餘波羅蜜兼修。四攝法中以「布施」及「愛語」為主，心裡願意以布施來利益眾生，以愛語來勸慰大眾。以乘位來說，初地相當於人乘，多在人世間擔任領導者。

2. 釋義第二離垢地

第二地稱為「離垢地」，此地的菩薩，小心翼翼地守護自己行為（身業）、言語（口業）和念頭（意業），而遠離了煩惱塵垢。此地的菩薩主要修學「持戒波羅蜜」，其餘波羅蜜兼修。遵循十種善業：不殺生、不偷盜、不邪淫、不妄語、不惡口、不綺語、不兩舌、不貪、不瞋、不癡，斷除不正確的邪行障礙。即使在睡夢中，也不會做出任何不恰當的事。四攝法中以「愛語」為主，依十善法的四種清淨口業，發揮為慈愛言語，來勸慰大眾。正因如此勤奮守護，離垢地菩薩不論在身、口、意三業上，能達到圓滿清淨。以乘位來說，二地菩薩的境界，約等於欲界天乘。

3. 釋義第三發光地

第三地「發光地」，此地的菩薩運用禪修的定力，來修學「忍辱波羅蜜」，而成為智慧光明的堅強後盾，故稱為「發光地」。此地的菩薩主要修學忍辱波羅蜜，其餘波羅蜜兼修；此地菩薩是以禪定的定力來修忍辱，而不是強忍。四攝法中以「利行」為主，用實際的行動來利益眾生。發光地的菩薩對佛法不再有不明白處，能夠斷除暗鈍的障礙。此地菩薩的境界，約可達到色界、無色界天乘的位階。

4. 釋義第四焰慧地

第四地「焰慧地」，此地的菩薩精進修行所產生的智慧，就像強猛的火焰一樣，能將所有的煩惱薪木，燃燒殆盡，所以稱為「焰慧地」。此地的菩薩主要修學「精進波羅蜜」，其餘波羅蜜兼修。四攝法中以「同事」為主，用智慧與大眾共同處事與學習，來引導及利益眾生。焰慧地菩薩最讓人稱讚的，是透過精進修習「三十七道品」，菩薩連微細的煩惱現行障都斷除，達到相當於聲聞聖者中，初果須陀洹的乘位。

5.釋義第五難勝地

第五地稱為「難勝地」，此地菩薩徹底體會到苦，藉由根除苦的原因，達到究竟解脫的快樂。此地的菩薩以「禪定波羅蜜」，來修學「四聖諦（苦、集、滅、道）」，徹底斷除了對自我的煩惱與執著——人我執，達到有餘涅槃的境地，但卻能超越聲聞、緣覺聖者，滯礙於涅槃的障礙——法我執。此地的菩薩能找到「空」與「有」微妙平衡點，同時修學智慧、慈悲及善巧方便，這種平衡是最難修而難勝的。四攝法中俱修「布施」、「愛語」、「利行」、「同事」，來利益及度化眾生。在果位上，五地菩薩約等同四果阿羅漢。

6.釋義第六現前地

第六地稱為「現前地」，此地的菩薩主要修學「般若波羅蜜」，其餘波羅蜜兼修。前五地菩薩的智慧像朝陽之光熱，而六地菩薩般若「根本智」現前，智慧猶如麗日般耀眼，故稱為「現前地」。此地菩薩藉由深入修學「十二因緣法」，觀察萬事萬物間的關聯性，體會到世間的實際相貌，能斷除粗相煩惱現行的障礙。此地菩薩俱修四攝法，以利益及度化眾生。六地菩薩在圓滿般若智慧及大悲願心的雙重平衡下，有進入滅盡定的能力，卻又能自在入世，廣度眾生。此地菩薩因善觀十二因緣，果位等同於緣覺乘。

7. 釋義第七遠行地

第七地稱為「遠行地」，菩薩一路修行到七地，已走了很遠，而離成佛的目的地也還很遠。此地的菩薩主要修學「方便波羅蜜」，並且俱修四攝法，以利益及度化眾生。七地菩薩斷除認為有流轉、有還滅的細相現行煩惱的障礙，達到無相且無間斷加功用行，開始修學方便化他的「後得智」。此外，七地菩薩努力修習善巧方便，選擇在慈悲的道路上，繼續度化眾生，安住於菩薩乘。

8. 釋義第八不動地

第八地稱為「不動地」，此地的菩薩主要修學「願波羅蜜」，並且俱修四攝法，以利益及度化眾生。八地菩薩已證「無生法忍位」，所有的「人我執」及部分的「法我執」煩惱已經自然斷盡，不再動搖及退轉，甚至連「用功」的想法都不動念，斷除了前地還在無相中加功用行的障礙。此地菩薩秉持著最大的願力，進入世間，隨順眾生的需求而加以協助。從第八地開始，超於世間及出世間，往一佛乘前進。

9. 釋義第九善慧地

第九地稱為「善慧地」，此地菩薩主要修學「力波羅蜜」，並且俱修四攝法，以「四無礙智（法無礙智、義無礙智、辭無礙智、樂說無礙）」來度化眾生。此地菩薩修學四種無礙的智慧力，能遍說遍益故稱為「善慧」。這種智慧力能深入佛法、義理，對語言文字的表達，乃至論辯的技巧，都達到無所障礙的最高境界；另外，此地菩薩還特別樂於為他人說法，進而斷除不願意積極利益他人的障礙。九地菩薩在一佛乘的道路上，持續前進。

10. 釋義第十法雲地

第十地稱為「法雲地」，此地菩薩主要修學「智波羅蜜」，並且俱修四攝法。此十地菩薩以圓滿的「根本智」及「後得智」，猶如天上彤雲，降下甘露法雨，滋潤著所有眾生。菩薩到了十地，能斷除於諸法中不能自在的障礙，諸佛的光明也同時灌沐，將智慧與祝福，流入菩薩的心中，使其達到清淨圓滿。如同古印度王子登基時，以四大海水灌沐在頭頂上，準備登上王位。而此地菩薩已達到一佛乘的頂點，也準備登上佛位。

《十地經論》是以《十地經》為詮釋對象的釋經論，它不但是印度華嚴經教的重要論典，也是印度大乘佛教中觀學派與瑜伽行派的重要典籍。同時，《十地經論》在漢傳佛教界的流布與弘傳，開啟了華嚴學及唯識學的先端。由此可知，世親菩薩的《十地經論》，無論對於印度大乘佛教思想，還是對於漢傳佛教思想的發展，都具有非常重要的意義。我們若能深入學習及研究《十地經論》，不僅有助於深入理解及修學華嚴十地法門，並且對於梳理大乘佛法的發展脈絡，亦具有重要的價值。

〈第二篇〉

華嚴教理哲學

《華嚴經》的教理哲學十分深廣，常常讓人們感覺無法親近與理解。其實，只要我們能夠掌握其教理哲學的原則與重點，就容易讀懂《華嚴經》，並實際運用於修行上。首先，我們必須先了解，整個華嚴哲學的最高原則就是「圓融無礙」，顯示出三世諸佛任運自如的解脫境界，不受到任何的束縛及障礙，達到絕對的清淨與自在。毘盧遮那佛所圓成的清淨法身，充滿著華藏世界海；而文殊和普賢兩位脇侍菩薩，文殊代表超越的智慧，普賢則代表偉大的願行，兩者因圓果滿，共同形成圓融廣大的華嚴法界。

在歷史上，漢傳佛教的華嚴宗祖師，對於《華嚴經》的教理重點的解說及闡揚，有非常重要的貢獻。特別是被尊為初祖的終南杜順、二祖雲華智儼、三祖賢首法藏、四祖清涼澄觀、五祖圭峰宗密等五位，史稱「華嚴五祖」。這五位祖師對《華嚴經》的教理，提出了包括「法界緣起」、「五教分判」、「六相圓融」、「一乘十玄」等重點。以下針對漢傳佛教華嚴宗的成立，以及華嚴五祖的教說及行蹟，做概要式介紹。並將華嚴祖師所揭櫫的教理重點，分別加以說明，讓大家能夠快速掌握《華嚴經》的教理哲學。懂得法界緣起，才能理解重重無盡的因緣生滅；了解五教分判，才不致造成大、小乘的對立；掌握六相圓融，才能建立系統思維及修行體系；深入一乘十玄，才能體會諸佛如來的無上智慧。

一、華嚴宗的成立

《華嚴經》自西元四二〇年，由東晉高僧佛陀跋陀羅在中國翻譯傳出以來，受到漢傳佛教的歷代祖師大德所看重，而加以註疏及弘傳。甚而以《華嚴經》為主旨，成立了華嚴宗。漢傳佛教的華嚴宗體系，發展出教觀並重的修行方式，並且能充分地顯揚出中國哲學的廣大和諧性。華嚴宗各代的重要人物，根據《八宗綱要鈔》下卷的記載：「杜順已下，唯立五祖。」可以知道，從杜順和尚開始，有五位祖師級的重要人物。另外，在《佛祖統紀》等傳記文獻中，也都記載這五位祖師資料：初祖終南杜順、二祖雲華智儼、三祖賢首法藏、四祖清涼澄觀、五祖圭峰宗密。

華嚴宗的立宗，起始於隋代的杜順和尚，他著有《修大方廣佛華嚴法界觀門》（簡稱《法界觀門》）、《華嚴五教止觀》等著作，詳細解釋華嚴教理，進而開展了華嚴宗，受推崇尊為華嚴初祖。唐代的智儼大師，思惟「十玄六相」的深義幽旨，著有《華嚴經搜玄記》來發揚重重無盡的華嚴宗義，歷史上稱他為華嚴二祖。這二代祖師，還屬於華嚴宗的草創時期。曾被皇帝封為「賢首國師」的第三祖法藏大師，集前二祖大成，廣興著述，大唱華嚴之宗教。後世稱為華嚴宗，又稱為「賢首宗」。第四祖澄觀大師，撰述《華嚴經疏》，復興宗派鴻業，功績頗為偉大。第五祖宗密大師繼紹澄觀，則依《圓覺經》弘闡華嚴大義。

（一）初祖杜順和尚

華嚴初祖杜順和尚（西元五五七—六四〇年），雍州（今陝西）萬年人。十八歲依止因聖寺的僧珍禪師出家習禪。一生禪通妙用，濟世度人。隋文帝對於杜順和尚十分敬信，曾以皇帝的月俸來供養。杜順和尚專學華嚴經論，著有《法界觀門》一書，將華嚴哲學的高深理論，融貫為禪修的觀門，創造出「真空絕相、理事無礙、周遍含容」等三種法界觀門。杜順和尚曾經將自己的一雙道履，放置在市集門口，經過三日也不會遺失。有一次，將《法界觀門》一書，投入烈火之中，因契合聖心，書一字未損。傳奇事蹟頗多的杜順和尚，深為朝野所敬重。唐貞觀十四年（西元六四〇年）圓寂於義善寺，唐太宗尊稱他為「帝心尊者」，表達出皇帝內心對杜順和尚的崇高敬意。

（二）二祖智儼大師

華嚴二祖智儼大師（西元六〇二—六六八年），天水（今甘肅）人。十二歲時，初祖杜順和尚親自上門拜訪，想度化他出家，父母欣然應允。於是，隨杜順和尚到終南山至相寺出家。後來遇到一位奇異的僧人，告訴智儼大師：「汝欲得解一乘義者，其〈十地〉中六相之義，慎勿輕也！可一、二月間，靜攝思之！當自知耳。」智儼大師聽後，就開始深入思考《華嚴經·

十地品》中「六相圓融」的義理。不到一個月，就豁然貫通，著作出《華嚴經搜玄記》，並在書中「明六相、開十玄、立五教」，成為華嚴宗教理的張本。唐高宗總章元年（西元六六八年）時，智儼大師預知生命即將結束，對他的門人說：「吾此幻軀從緣無性，今當暫往淨方，後遊蓮華藏世界，汝等隨我，亦同此志。」圓寂於清禪寺，世壽六十七，智儼大師對生死的豁達，猶如旅行悠遊一般。

（三）三祖法藏大師

華嚴三祖法藏大師（西元六四三—七一二年），祖先為康居國人，出生在長安。繼承杜順及智儼二位大師，集前二祖大成，完成教觀雙門圓滿的教理系統。法藏大師多在宮廷中弘法。常常感應到祥雲凝空，或是大地震動。大師善用實物做譬喻，來說明深奧的佛法義理。曾經為武則天皇帝講解「六相圓融」、「一乘十玄」的意旨時，以皇宮殿前的金師（獅）子為比喻來解說。皇帝欣然了悟，封賜他為「賢首國師」。法藏大師曾經先後擔任五位皇帝的門師，著述約有百餘卷。他最重要的貢獻，是依據智儼大師的遺規，來分判佛陀如來一代時教，共分為小、始、終、頓、圓之五教，而成為後人研究經教分類的規範。唐先天元年（西元七一二年），法藏大師預知壽終時至，吉祥而逝，世壽七十歲。

（四）四祖澄觀大師

華嚴四祖澄觀大師（西元七三八—八三九年），越州山陰（浙江紹興）人。他一生宣講《華嚴》高達五十遍。大師所撰《華嚴經疏》六十卷，以「信、解、行、證」四分來揭示綱目，以「五周因果」提出要旨。澄觀大師所撰的《華嚴經疏》與法藏大師所撰的《探玄記》，被後世譽為「華嚴雙璧」。澄觀大師身歷九個朝代，先後為七位皇帝講經說法，貞元十五年（西元七九九年）德宗皇帝聖誕的時候，到皇宮中對皇族說法，唐德宗皇帝聽了心裡十分清涼，策封澄觀大師為「清涼國師」。文宗開成四年（西元八三九年），澄觀大師對弟子說出最後遺囑：「真界玄微，非言說所顯，要以深心體解，朗然現前。對境無心，逢緣不動，則不孤我矣！」鼓勵弟子要深入體證「一真法界」的玄妙境界；說完遺訓後，結跏趺坐，安詳逝世，世壽一百零二歲。

（五）五祖宗密大師

華嚴五祖宗密大師（西元七八〇—八四一年），果州（今四川）人。二十七歲參加貢舉考試，途中遇到道圓禪師講經，前去問法而深得契心，於是要求披剃出家。元和五年（西元八一〇年），宗密大師拜入澄觀大師座下學習《華嚴經》，學成後提倡教禪一致，影響後代甚鉅。他曾對《圓覺經》有精闢的註釋，著有《圓覺經大疏》、《圓覺經大疏釋義鈔》等，成為歷來註解《圓覺經》的泰斗。宗密大師所著作的《原人論》，把儒家及道家也納入「判教」體系之中，歸納世間宗教，分為「人天教」、「小乘教」、「大乘法相教」、「大乘破相教」、「一乘顯性教」等五個教理層次，並加以會通；雖然獨尊《華嚴經》為最高層次的「一乘顯性教」，但不排斥其他較低的四個教理層次，而是把他們當作修學的基礎。武宗會昌元年（西元八四一年）正月，宗密大師在興福院圓寂，世壽六十二歲。

華嚴宗的祖師先後於《華嚴經》教理哲學之基礎上，樹立一種完整的修學系統，其主要內容包括：法界緣起、五教分判、六相圓融和一乘十玄。這些教理哲學，合併形成教義與觀行並重的華嚴宗派體系；基於「一真法界」、「互攝互入」、「周遍含容」、「圓融無礙」等原理，來闡釋宇宙萬有之密切相關性，達到消融對立，斷除人我執及法我執，圓成佛性的最高目標。《華嚴經》的教理哲學充分體現了圓融的精神，基於這種理由，《華嚴經》被後世稱為「圓教」——圓融的經教。

二、法界緣起

緣起論是佛法的理論根基，佛教運用這種理論來解說人生的起源與生命的流轉。而華嚴宗的基本思想是「法界緣起論」，認為一切萬有都是眾緣和合的條件下才能生起，不只是生命，所有的存在都沒有自體。這種「法界緣起論」，以「一真法界」做為宇宙人生的根源。它是華嚴宗哲學的基礎，也是啟發隋唐華嚴宗思想體系的主要理論。

澄觀大師曾在他所著的《華嚴法界玄鏡》說：「言法界者，一經之玄宗，總以緣起法界不思議為宗故。」依澄觀大師的看法，「法界緣起論」才是《華嚴經》的主要宗旨。依一真法界而產生宇宙萬有，一切宇宙萬有都是一真法界。這種法界緣起論，不同於一般的緣起論，是一種重重無盡的因緣生滅，稱為「不思議法界緣起」。它說明宇宙萬象是密接連鎖的，如同因陀羅網，互相輝映，彌貫整體，消融了一切差別境界，而成為圓融至極、圓滿平等的「一真法界」。

（一）一真法界

《華嚴經》的宇宙觀是以華藏世界為中心，而逐步展開的。華藏世界是從「世界海」到「世界種」，再到「器世間」，最終再到「生命世間」與

「正覺世間」，它是不斷地層層向上演進和開創的。

華藏世界體現出一個具有多重差別境界，而又具有一體性的世界觀，是一種具多元又統一的世界結構。從物質系統出發，指向生命的層級發展，不論六道凡夫（天道、人道、阿修羅道、畜生道、餓鬼道、地獄道）或解脫聖者（聲聞、緣覺、菩薩、佛），最後都歸結在平等與圓融的境地，稱之為「一真法界」。所以，藉由一真法界的觀念，我們可以深信，所有的六道眾生，都可以透過修行，而成為解脫的聖者。

澄觀大師曾在《大方廣佛華嚴經隨疏演義鈔》（簡稱《演義鈔》）說「一真法界，為玄妙體」，指出一真法界，是諸法所依而起的性體，又稱為「本源真心」。真心就清淨平等的心性，不論六道凡夫，還是解脫聖人，都是本來具足；這種真心能隨緣不變、不變隨緣，而展現萬法，成為「一切眾生都能成佛」的理論基礎。若心性開悟，即現佛國淨土；若心性迷惑，則現五濁穢土。迷悟所現，雖然有所不同，而心性本體則同屬一真法界。另外，華嚴宗以這種整體性的系統思想，來說明在整個世界的各種層次的境界，融貫了普遍的「理」體與「事」相，而達成「理事圓融無礙」。如此，便可以把一切事物的差別性、矛盾性、對立性統攝起來，形成一個廣大和諧的體系，所以華嚴教理哲學可以看作是一種圓融而和諧的哲學思想。

為了實踐佛法中的「真空妙有」的境界，達到勝義諦「真空」與世俗諦「妙有」的二諦融通，華嚴宗在修行實務上，使用「理」與「事」的圓融無礙，把理想界與現實界圓滿地聯繫起來。「理」是指理論或理想，「事」可指事相或現實；理論與事相之間，或是理想與現實之間，本來就存在差距。而修行就是面對這種差距，不生起煩惱與執著，而是運用思想，創造智慧，找到最佳的平衡狀態，稱為「理事無礙」。華嚴宗通過「理事圓融無礙」，使整個法界成為圓融連接的一個整體。這樣，上層的理想世界——佛國淨土，與同下層的現實世界——五濁惡世，也連接了起來，上下也能貫注融通，毫無障礙。

華嚴宗的「法界緣起論」，可將宇宙萬有的任何一部分，與其他部分聯絡銜接起來，成為一個重重無盡的整體關係。在觀修上，華嚴宗提出「四法界觀」的修行理論，就是：1.事法界，2.理法界，3.理事無礙法界，4.事事無礙法界。一方面開出廣大無盡的事相世界，另一方面又根據理性作用，把它們融貫起來，使之銜接成一個整體而無礙的系統。華嚴宗所說「事法界」就是現象和作用，而「理法界」指的就是理論和體性；理的體現與事的作用，是互為一體兩面的，所以理與事是可以融通的，也就是所謂的「理事無礙」。若對任何事物，都可以做到理事無礙，就可達到周遍含容的「事事無礙」了。

（二）四法界觀

宗密大師於《註華嚴法界觀門》闡述「四法界觀」曾說：「統唯一真法界，謂總該萬有，即是一心。然心融萬有，便成四種法界。」由此可知，「四法界觀」其實是「一真法界」的實際修行心法。

宗密大師對四法界義理的解釋，可參見表四。他解釋「事法界」說「界是分義，一一差別，有分齊故」，「分義」是分別以及差別的意思，宇宙萬

表四：四法界

四種法界	定義
事法界（世俗諦）	界是分義，一一差別，有分齊故。
理法界（勝義諦）	界是性義，無盡事法，同一性故。
理事無礙法界（二諦融通）	具性分義，性分無礙故。
事事無礙法界（圓融重重無盡）	一切分齊事法，一一如性融通，重重無盡故。

物在事項上，常常會顯示出種種差別和不同；所以，可以從事相的差別，了解世間的真理，即所謂「世俗諦」。而解釋「理法界」則說「界是性義，無盡事法，同一性故」，「性義」是相同性質的意思，宇宙萬物在理體上，通常會顯示出相同的性質；從理體的共性，就能幫助我們了解出世間的真理，即所謂「勝義諦」。宗密大師說明「理事無礙法界」則說「具性分義，性分無礙故」，也就是要找到事相與理論的平衡點，做到毫無對立與障礙，也就是「二諦融通」的境界。他說明「事事無礙法界」時說「一切分齊事法，一

一如性融通，重重無盡故」，也就是任何事物都能「理事無礙」，而達到「圓融重重無盡」。

華嚴宗的哲學思想對中國古代哲學思想有很大的影響。例如，宋代理學所引用的「理」，就是出自華嚴宗「四法界觀」的「理法界」。澄觀大師在《華嚴法界玄鏡》中說「故理法名界，界即性義，無盡事法，同一性故」，就以「理法界」來統攝「理事無礙法界」。北宋程顥、程頤所合著的《二程全書》，據此引申為「萬物皆是一理，至如一物、一事雖小，皆是有理」、「天下只有一個理」等觀念。二程兄弟所提出的「理一分殊」，實際上也是華嚴宗「事法界」和「理法界」思想的推衍。

「事事無礙法界」彰顯出宇宙萬有之中，普遍含攝、交互作用的關係。從任何一事項出發可以容納一切，其他事項也同時可以於自己本位含攝一切。這種普遍攝入關係，就是華嚴宗所說「一即一切，一切即一」的道理。

華嚴宗「一真法界」的互攝互入、重重無盡世界觀，雖然擴展了我們的認知，打開了我們的視野，但這種超乎想像的不可思議境界，對於根器不利的大眾，也許會帶來很多的疑惑。幸好，隨著現代量子科學及天文物理的發展，運用自然科學的原理原則及邏輯推理，正可以提供互證及說明，讓大眾更容易能理解圓融無礙的華嚴法界。

三、五教分判

佛陀在成就聖道後，先說《華嚴經》以宣示圓融無礙之究竟真理，並持續不斷對機說法，再宣講《阿含經》、《般若經》等，直到圓寂前，最後宣講《法華經》及《涅槃經》。佛陀宣說經教，就是想把諸佛的根本教理，以及一切修行之心數法門彰顯出來，讓大眾可以依教修行，直到成就佛道。《華嚴經》被華嚴宗信仰者尊之為「稱法本教」，為佛陀最初立教的圓頓妙法，不同於其後方便施設的「逐機末教」。在果地，以毘盧遮那佛的法界為果證，以蓮華藏世界海為依報化境；在因地，以文殊的大智、普賢的大願為修法，再以重重無盡、圓融無礙的大法為行門。自然可以成就如來的境界、窮極諸佛神妙智用。

華嚴宗認為圓滿的教義，應當是事相體性的同時體現，了達宇宙萬物互為因果的真理。它對般若空宗和唯識有宗的理論並不滿意，於是揉合空、有二宗的說法。把天台宗所提出藏教、通教、別教、圓教四教，改為小乘教、大乘始教、大乘終教、大乘頓教和一乘圓教等五教，並把《華嚴經》列為圓教，以表示該經教理的圓滿究竟。隋朝的杜順初祖，最初將佛說的經典分類判別，經智儼大師到賢首大師時，才確立為五教。

小乘佛法認為世界的根源在於無明、業惑，把現實世界看成生死循環與束縛，表現出消極厭世的態度。而大乘佛法中，《般若經》主張無自性「空」，而《解深密經》則主張阿賴耶「有」。這兩套佛法教理，一個講空性真理的體性，一個則是講業識現象的作用。如何溝通本體界與現象界，把「真空」與「妙有」兩層理論結合起來，一直是大乘佛學的難題。華嚴宗的「法界緣起論」，把空、有的兩套理論結合起來，它既修正了小乘佛法的偏淺，也消除了大乘佛法教理中，所存在的對立狀態，在真空與妙有之間建起一座橋樑。華嚴宗的五教分判統攝了大、小乘佛法，綜合佛陀應機施教的各種經教，而成一種「空有不二」的圓融無礙教理系統。

（一）小乘教

指《阿含經》、《俱舍論》等經論。小乘教修行「灰身滅智」的涅槃法，說我們的身心皆由因緣生成，又用色、心二法說明身心的根本，心為六識的作用。此亦未能究明人的本源。小乘行者唯知「人空」之理，尚不知「法空」之義，是二乘人所受之法。小乘教雖知三世因緣說，出離三界，可斷除人我執，若能加上法我執的斷除，可以成為大乘始教的基礎。

（二）大乘始教

開始大乘佛法的時候，先修漸教，分為「空始教」和「相始教」。空始教是指《般若經》及《中論》等，所言緣生之法，各自無性，徹底唯空，執空的一面。這種教說闡明「諸法皆空」等教義，認為諸法本來是空寂的。可以破析執著法相的迷情，尚未究明真實靈明之性。相始教則是指《解深密經》、《瑜伽師地論》等，分析宇宙萬有皆為識變。執識有，但其性相隔閡，不知真如隨緣。此教立八識，以其中阿賴耶為根本，由此阿賴耶識變現而造成身體和客觀世界，也未能究明人的本源。阿賴耶識有覺與不覺二義，法相教雖只說不覺一法，但也含有不生滅的真心覺義，可以做為大乘終教的基礎。

（三）大乘終教

是大乘漸教中的終極，是對根機成熟者所施之教法，教導大乘菩薩如何六度萬行而不入涅槃性，如《楞嚴經》、《大乘起信論》等。此教宣說「真如緣起，不變隨緣」等教義，它主張一切有情眾生皆有本覺真心。說此本覺真心，從無始以來，常住清淨、昭昭不昧，稱為佛性，亦名如來藏。

（四）大乘頓教

把佛與眾生拉近，讓眾生很快便可悟入佛之知見。針對根性猛利，可超脫名相、離言求證之大根器者。直指當人現前一念，妄念不生，直下承擔此心是佛，不經次第位階，如《維摩詰所說經》等。大乘頓教抓住其生滅的、妄想的一面，稱之為空，若再加上不生滅的、真心的一面，即可進一步會通成為圓教。

（五）一乘圓教

如《華嚴經》、《法華經》、《涅槃經》等。教理行果，圓滿周備，事事無礙，重重無盡，主伴圓明具足，為究竟成佛、最高圓滿之門。華嚴宗祖師判教，為的是讓眾生較易了解修行的過程。一開始都是想斷煩惱、求解脫，屬小乘教階段。想幫助一切眾生解脫，屬大乘教階段。大乘頓教階段，當剎那間確實知曉一切的事物法則。一乘圓教階段，知曉正確的道理法則後，能確實地去修行實證，直到圓滿，所以稱為「圓教」。

四、六相圓融

《華嚴經．十地品》中的「六相說」根據《三藏法數》的解說：「六相者，謂一真法界之體，而有六種名義之相也。然法界體同，本無異相，由法入於義，遂有六名。名雖有六，不離一體，交徹融通，一多無礙故也。」六相要旨，說明法界大緣起，如《華嚴經疏》所說：「總則一舍，別則諸緣。同則互不相違，異則諸緣各別。成則諸緣辦果，壞即各住自法。」六相互為圓融，說明世界是一個多元連繫，重重無盡而又和諧互攝的整體。法界緣起圓融無礙，一即一切，一切即一，事無礙、理無礙、理事無礙、事事無礙，成為法界一大緣起之全體性。

（一）何謂六相

華嚴宗根據《華嚴經》提出六相：總相、別相、同相、異相、成相、壞相等三對，說明世界事物的互相依存、制約、變化、生滅的過程。法藏大師在《華嚴一乘教義分齊章》中作頌說：「一即具多名總相，多即非一是別相，多類自同成於總，各體別異現於同；一多緣起理妙成，壞住自法常不作，唯智境界非事識，以此方便會一乘。」由此可知，一切事物的整體稱為「總相」，各種部分有差別是「別相」；各種成分相同的性質是「同相」，各種成分各不相同性質是「異相」；各種成分因緣和合而起形成事物謂「成相」，各種成分各自立分離的狀態稱「壞相」。

運用「六相」的不同觀點來觀察事物，才能正確地認識事物的體相，由此推論一切事物之間，都是由總別、同異、成壞三對而形成的緣起關係。若能從「六相」中體證到理事圓融無礙，就能深入到一乘圓教的義理。

1. 總相：事物的全體是總相。例如，人身的整體，包括五官、手足等。

2. 別相：全體中的個別部分是別相。例如，人身的個別的五官、個別的手足等。

3. 同相：各種成分各相同性質為同相。例如，人有相同的人性等。

4. 異相：各種成分各不相同性質是異相。例如，人有不同的長相、高矮等。

5.成相：各種成分因緣和合成形是成相。例如，人的新生。

6.壞相：各種成分各自立分離的狀態是壞相。例如，人的死亡。

宇宙萬法都由「體、相、用」三者來組成：六相中的「總相」與「別相」表顯出萬法的體性，六相中的「同相」與「異相」表顯出萬法的相貌，而六相中的「成相」與「壞相」表顯出萬法的作用。「總相」、「同相」、「成相」表現出無差別的「理法界」，稱為「圓融門」；而「別相」、「異相」、「壞相」表現出有差別的「事法界」，稱為「行布門」。

六相互為圓融，就是統合無差別的「理法界」，以及有差別的「事法界」，進而達到「理事無礙」；若每件事物都做到理論與事實不相障礙，就是「事事無礙」的境界。

（二）六相教理運用

在日常生活中，「六相圓融」的觀念，可以幫助我們形成系統思考，消除理體無差別（圓融門）與事相差別（行布門）的矛盾與衝突。藉由總、別二相的觀察，還可以深入了解系統的組成，掌握系統整體性；同、異二相的觀察，能夠確實了解系統的性質，掌握系統關聯性；而成、壞二相的觀察，可以清楚了解系統的狀態，掌握系統動態性。熟練「六相圓融」的觀念，常常做系統思考的訓練，可以使我們在工作、事業、家庭，乃至於人際關係，得到融會貫通，發揮出最佳的能力，詳如表五。

在修行實務上，運用「六相圓融」的教理和觀念，可以形成系統化的修

表五：六相圓融

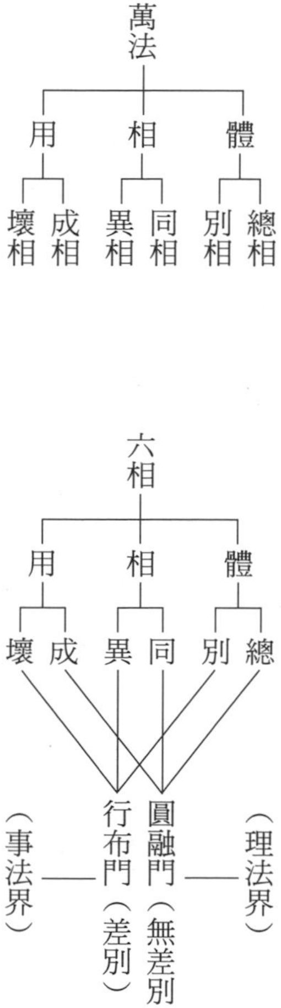

行體系；特別是菩薩十地的修學，每一地需修學一種主要的波羅蜜法門，這是「別相」的修學；同時要兼學其他的九種波羅蜜法門，則是「總相」的修學。這樣來修學「十波羅蜜」，才能完整地掌握波羅蜜法門的整體全貌及局部細節。

了解大乘菩薩道與小乘解脫道修學目標之「同相」與「異相」關係，就不會排斥小乘，而是加以會通，做為共同的修學基礎。而能從小乘「自我解脫」的基礎出發，進而達成大乘不共的究竟「自他解脫」。

另外，菩薩修行的十個階位，每個階位都有「入地」、「出地」的狀態。從「六相圓融」之「成相」與「壞相」的觀念來看，菩薩剛進入每一階位的「入地」時，就是此地的「成相」；再進趣到下一地時，就是此地的「壞相」。菩薩若具備每個階位「成相」與「壞相」圓融無礙的觀念，就既不會執著於某個階位，也不會退轉，而能夠一直不斷地提昇進步，直至成就佛道。

五、一乘十玄

「十玄緣起」全稱十玄緣起無礙法門，或作華嚴一乘十玄門。表示法界中事事無礙法界之相，通達這種義理就可契入《華嚴》大經之玄海，或稱為玄門；這十門相互為緣而起，故稱緣起。十門相即相入，互為作用，互不相礙。顯現出《華嚴經》的世界觀，超越了時間及空間結構的限制，也圓現出諸佛如來智慧光明無所不在的境界。而且，華嚴法界的最大神奇處，是一切大眾的智慧德性都與諸佛如來平等，由此演變成華嚴哲學中最高的互攝性原理，也就是眾生皆能成佛的「一佛乘」思想，讓人對修行成佛產生信心。

智儼大師撰述《華嚴一乘十玄門》，法藏大師再提出無盡緣起，而澄觀大師將這些思想結合起來，遂產生了一個廣大悉備、影響至為深遠的思想體系。華嚴宗以「十玄」總攝宇宙萬物，進而通向成佛的十個玄妙法門。

十玄所說的基本內容，在於解釋法界無盡緣起，說明成佛的境界。「十玄門」闡明重重無盡、事事無礙的教義是如來性德圓滿的道理，而眾生也具有這種圓滿性德。凡夫或聖人只在迷悟不同，一旦具有十無盡緣起的悟解，凡夫也可以和諸佛如來一樣，究竟成就佛道。

華嚴宗以「十玄門」與「六相圓融」為根本教理，二者會通而構成法界緣起的中心內容。說明四法界中事事無礙法界之相，表示現象相互一體化（相即），互相涉入而不礙（相入），如同網目結合的結構，以契合事物的自性，表示法界緣起的深義。其中，以「同時具足相應門」為華嚴法界的「總相」，其他九門為華嚴法界的「別相」，詳如表六。

「一多相容不同門」、「諸法相即自在門」、「因陀羅網境界門」等三門表達法界無盡緣起，不受空間的限制。而「微細相容安立門」、「祕密隱顯俱成門」、「諸藏純雜具德門」等三門表達宇宙萬物種種異同的性質，可以相容俱成。至於「十世隔法異成門」，則表達出法界無盡緣起，不受時間的限制。以上七門都是法界緣起的外相，而「由心迴轉善成門」才能圓顯所有生命的清淨體性。從第二門到第九門，都是修行上的「境」，而第十門「託事顯法生解門」則是用來歷事鍊心，以體證諸佛如來的大「智」。

表六：十玄門

總相	別相								
	境								智
	相							體	
	空間			性質			時間		
	相入	相即	無盡	差別	隱顯	純雜			
1.同時具足相應門	2.一多相容不同門	6.諸法相即自在門	4.因陀羅網境界門	7.微細相容安立門	3.祕密隱顯俱成門	5.諸藏純雜具德門	8.十世隔法異成門	9.由心迴轉善成門	10.託事顯法生解門

華嚴宗三祖法藏大師曾奉詔進入皇宮，為武則天講解《華嚴經》，當講到華嚴教理中特別玄妙的「十玄門」時，對於法界重重無盡的相互圓融、相

互包含的關係，並不容易讓人理解。法藏大師乃以皇宮大殿前的金師子做比喻，來講解法界無盡緣起的道理。後來，法藏大師的弟子把這次講解的紀錄加以整理，稱為《華嚴經金師子章註》（簡稱《金師子章》）。

法藏大師在《金師子章》所講的「十玄門」是：具足、一多、隱顯、帝網、純雜、法相、微細、十世、由心、託事等十門。「十玄門」本質上，是一種對理論與事物的完整觀察，達到對現象與現象、現象與本體、理體與事相圓融無礙的悟解，完全領會宇宙萬物重重無盡、事事無礙的教義。具有「十玄門」的觀法，正是體證諸佛境界的關鍵。

（一）同時具足相應門

「第一同時具足門，謂金與師子，同時成立，圓滿具足，喻依法界體起諸事法。隨舉一法具一切法，別有差別，非造玄也。故名同時具足相應門。」

此門說明金體與師子相互對應而成一緣起，同時顯現為金師子，金體與師子，並無先後。以金體與師子同時顯現，說明本體隨緣而顯事相，事相同時借幻色以顯本體。讓我們了解宇宙萬事萬物是一體而兩面，同時成立而無先後的，以免產生對立和執著。

（二）一多相容不同門

「第二一多相容不同門者，謂金與師子，相容成立，一多無礙，於中理事各各不同，或多各住自位。如稱理之行，一一各容一切諸法。亦一一各具一切諸行。雖相容本不動也，故名一多相容不同門。」

以金子比喻理體，理體呈現一致性；而師子好比是事相，事相呈現出多元性。理與事兩者，其實是「一多無礙」，又「各住自位」。也就是說，金子只有一種金性，而塑造成的師子卻有頭足身尾的多種外相，可以相容成立，一多無礙；另一方面，師子是相貌，金子是金屬，又可以有各自不同的屬性。這種觀念，可以消除對於數量多寡上的偏執。

（三）祕密隱顯俱成門

「第三祕密隱顯俱成門者，謂若看師子，唯見師子無金，則師子顯金隱，喻事能隱理。若看金唯金無師子，則金顯師子隱，喻理能隱事也。若兩處看俱顯俱顯，隱則祕密，顯則顯著，故名祕密隱顯俱成門。」

宇宙萬物同時具備明顯及隱密兩種形相，這兩種形相都離不開人為的觀察。對於金體與師子之間的關係，如果只專注於觀察師子的形相，就看不到金體；如果只專注於金體，就看不到師子形相。但如果對師子的形相和金體同時注意的話，二者就會同時顯現或者同時隱密。這個道理告訴我們，對於事理的觀察必須全面，並且不能偏頗。

（四）因陀羅網境界門

「第四因陀羅網境界門者，謂師子眼耳支節，一一毛處各有金師子，小法中含大法。一一毛處，師子同時頓入，一莖毛中，各各顯露，皆有無邊師子，一事中含多事。一多頓現，一一毛頭帶此無邊師子，還入一莖毛中，如是重重無盡，多入一無礙，若帝網之天珠，故名因陀羅網境界門。」

金師子的眼耳和四肢，以及每一毛孔都包含有金師子；無數毛孔中的金師子，同時也可以包容於一根毫毛中。就好像帝釋天宮殿裡，用來裝飾的珠網，珠光交映，層疊無盡。帝釋天的因陀羅網境界，正好可以說明諸法之間輾轉互攝、重重無盡的道理。

（五）諸藏純雜具德門

「第五諸藏純雜具德門者，謂若以眼收師子盡，則一切純是眼，如以布施一行收盡一切行，總名布施故，號曰純也。若耳收師子盡，則一切純是耳，若諸根同時相收，悉皆具足，一一皆純，一一皆雜，是圓滿藏，萬行同時，更互莊嚴，純雜無礙，故名諸藏純雜具德門。」

如果用金師子的眼根去含攝整個師子相，則整個師子純粹都是眼；如果用金師子的耳根去含攝整個師子相，則整個師子純粹都是耳。其他各根如鼻、舌、身也是如此。因為眼、耳、鼻、舌、身各根互有不同，是「一一皆雜」；眼、耳、鼻、舌、身各根又都可以包攝整個師子相，是「一一皆純」。既雜又純，互具功德，圓滿自足。

（六）諸法相即自在門

「第六諸法相即自在門者，謂即師子諸根，一一毛頭皆各以金收師子盡，喻法界緣起一切諸法皆互相即相遍也。一一皆徹師子眼，眼即耳，耳即鼻，無礙無障，喻布施即九度。多行即一行也，故名諸法相即自在門。」

金師子的眼、耳、鼻諸根和每一毫毛，都是由金子作成的，所以諸根、毫毛都能因金體而包容收盡整個師子相。而每一根、每一毛也都遍布整個師子。因此，金師子的眼也就是耳，乃至諸根互用。金師子的諸根各毛既可以「自在成立」，保有個自相貌，又可以「無障無礙」，互相等同。懂得諸法相即自在的道理，就不會產生法執。

（七）微細相容安立門

「第七微細相容安立門者，謂金與師子，或隱或顯，或一或多，定散同時。經云：汝應觀我諸毛孔，我今示汝，佛境界俱時歷然。即此即彼，有力無力，主伴交輝，理事齊現，所現萬法，海印炳然。悉皆相容，不礙安立，微細成辦，以理成事。事法不定，互相容攝，安立同時，故名微細相容安立門。」

金與師子，雖然有顯隱、一多、純雜等種種差別，但可以「主伴交輝，理事相容，不礙安立」。若我們詳細加以分辨，可以知道極為細微的事物，仍然可以包容其他一切事物，並不妨礙彼此的自在成立。

（八）十世隔法異成門

「第八十世隔法異成門者，謂此師子，是有為之法，念念生滅，喻真理隨緣，成諸事法，各各不實也。刹那之間，分為三際，謂有過去未來現在三際，總相之中，分限不同。總有三三之位，以立九世，一即多，多不壞，則束為一段法門。一法門中無量門，種種脩短，各各不同。雖則九世有隔不同，相由成立，融通無礙，同為一念，攝末歸本，故號十世隔法異成門。」

師子是有為之法，剎那生滅，每一剎那，都分為過去、現在、未來三際，過去、現在、未來三際又各有過去、現在、未來三際，共成九世，諸法都受九世時間規律的支配。所以，一念即千劫，千劫即一念；雖有九世，各不相同，但又相互成立，融通無礙，同為一念。九世和一念共為十世。這樣，十世時移世異是相隔，而每一事又能遍十世，同時成就，雖異而成。有了這種觀念，才可以超越時間的限制。

（九）由心迴轉善成門

「第九由心迴轉善成門者，謂金與師子，或顯或隱，或一或多，各無自性，由心迴轉。法無定法，隨心轉變。說理說事有成立，法本具足，隨機隱顯，故名由心迴轉善成門。」

金體與師子，或隱或顯，或一或多，各無自性，由心迴轉；說事說理，有成有立。無論是實相，還是諸法，無論是理還是事，一切均由一心變現，一念而起。此門可以圓顯所有生命的清淨體性，並達成理事無礙的宗旨。

（十）託事顯法生解門

「第十託事顯法生解門者，謂說師子，用表無明，論此金體，具彰真性，覩萬法相，用顯真理。若理事合論，況阿賴耶識，令生正解，即染而淨，動淨俱泯，方為正解，故名託事顯法生解門。」

師子是幻相，執著於幻相，即為無明；金體無生滅，是真如本體。悟解諸法實相，必須「理事無礙」，如同阿賴耶識的業識種子一樣，轉識成智，由無明轉為正覺。本體必須假託現象才能顯現，此稱託事顯法。此門的道理是說明，修行必須透過歷事鍊心，才能體證諸佛如來的大「智」。

「十玄門」在說明法界是一個整體，而佛教各種法門也可以互會貫通，圓融自在的；要論證一切眾生本具足一切理性和功德，不必假於修成，而能隨緣顯現十玄無盡的境界；也就是說佛和眾生只是迷悟的不同，一旦具有十玄無盡起的悟解觀法，眾生也就成為佛。華嚴宗運用「十玄門」與「六相圓融」，將哲學史上二元對立性矛盾徹底消除了。華嚴宗所產生的這一套「圓融哲學」，其根本特徵可以用「事事無礙」來概括。所謂無礙，在於體證宇宙萬有之間的關係是交互、對等的，構成了「互相攝入」的關係網絡。一切關係都是相互依待、相互關聯的交互性，表現出相互平等性、相互依存與交互作用。這種普遍的圓融無礙性，在華嚴哲學中就稱為「周遍含容」原理。也就是說，從作用上看，不管其境界是如何地寬廣、無限，它們彼此之間都是依平等性、相互性，互為因緣性而彼此相依相成，而不致互為障礙。

《華嚴經》用毘盧遮那佛放光的形式，將宇宙間的一切祕密揭發出來，讓無量的菩薩取得精神上的神祕境界，自在、圓融、無礙，而後互相攝受。法界眾生，不論凡聖，互攝交融，令整個華藏世界成為精神生命的交融互攝的系統。華嚴宗以「一真法界」、「五教分判」、「六相圓融」與「一乘十玄」等思想，來形成完整的修學體系。教導大眾依靠自己的生命精神，去實踐內在於自己生命的真理，共同成就法界的淨佛國土。

〈第三篇〉

菩薩十地修行

「菩薩」（全稱菩提薩埵）是覺有情，令眾生可以覺悟及解脫。大乘菩薩道的修行，有別於小乘聲聞的「自求解脫」，主要是透過「自他解脫」的方式，協助一切眾生斷煩惱得解脫。菩薩道的修行共分為十個階段，是十個菩薩行的重要階位，稱為「十地」。所謂的「地」，就像大地能生萬物，花草樹木都依大地而生。佛教經典中，常常以「地」來形容菩薩道能夠生長功德智慧，一切有情也依菩薩道才能得度。

菩薩修行以「地」來區分階位，粗分為「因地」與「果地」，「因地」是菩薩逐步修學的過程，從初地的「見道位」到第十地的「等覺位」；而「果地」是修行圓滿而成佛，即是「妙覺位」。菩薩修行的階位若再加以細分，則分為「十地」，由初地歡喜地開始，依序進入第二離垢地、第三發光地、第四焰慧地、第五難勝地、第六現前地、第七遠行地、第八不動地、第九善慧地，直至第十地法雲地。

大乘佛教經典常提到，菩薩從開始發心修行到成佛，需要經歷三大阿僧祇劫。一大阿僧祇劫又稱為一大無量數劫，光是一大劫就約長達十三億四千四百萬年，是無法計算的天文數字。很多人聽到修行成佛的時間這麼漫長，便裹足不前，而萌生放棄的想法。為什麼修行的時劫需要這麼長？主要的原因是修行需要斷除煩惱及習氣，尤其是業力習氣，通常需要長時間才能消除。只要能夠發願下定決心修行，也有可能在很短的時間就能成佛。然而，真正的菩薩道行者，無論經歷的是一生或是三大阿僧祇劫，修行都應不計時光長短、不計得失成敗，如《華嚴經》所說：「不為自己求安樂，但願眾生得離苦。」

本篇介紹「十度萬行」與「普賢大願」的修行要領，若能「願」、「行」具足，一定能圓滿成佛。

一、十度與萬行

《華嚴經·十地品》詳細說明了菩薩修行的十個階位，每一個階段都要修學波羅蜜法門。「波羅蜜」是「到彼岸」的意思，也就是抵達解脫的彼岸境界。十個階段一共要學習十種波羅蜜法門，包括布施波羅蜜、持戒波羅蜜、忍辱波羅蜜、精進波羅蜜、禪定波羅蜜、般若波羅蜜、方便波羅蜜、願波羅蜜、力波羅蜜、智波羅蜜，稱為「十度」。其中的每一度的修學內容，均包含了成千上萬乃至無量的修行方法和要點，統攝了菩薩所修的一切行門，都是為了能夠定慧等持，自利利人，所以稱為「萬行」。由於每一度中，包含的修行方法和要點很多；為了能夠掌握重點，本篇將從「十地」所修的每一度中，挑出重要的心法或修法來做說明。

在修行實務上，必須要注意「十波羅蜜」並非只是簡單地對應「十地」，而是每一地都須修學一種主要的波羅蜜法門，但也要同時兼學其他的九種波羅蜜法門。例如，初地歡喜地的菩薩，以修學「布施波羅蜜」為主，也必須兼學其他的九種波羅蜜法門。

十波羅蜜法門是一種運用「六相圓融」的教理和觀念，而形成系統化的修學方式；初地歡喜地以「布施波羅蜜」法門為主，這是「別相」的修學；而兼學其他的九種波羅蜜法門，則是「總相」的修學。兼顧「總相」與「別相」，使法門的整體與部分，能圓融而互補，不對立也不偏頗。所以，修學布施波羅蜜法門時，就會同時運用到持戒、忍辱、精進、禪定、智慧等法門，而互相融會貫通，詳如表七。

同樣地，菩薩修學四攝法（以布施、愛語、利行、同事等四種利益攝受眾生的方法）時，前四地個別修學四攝法的「別相」，並兼學其他三法。初地以修學「布施攝」為主，菩薩以財物、佛法及無畏懼來分享給眾生，即「財施」、「法施」及「無畏施」等。第二地以修學「愛語攝」為主，菩薩以慈愛溫和的言語來對待眾生，使之歡喜接受佛法，而得到度化。第三地以修學「利行攝」為主，菩薩以善行利益眾生，使其樂於接受教化與指導。第四地以修學「同事攝」為主，菩薩親近眾生同其苦樂、共行共事，以此方便因緣去循循善誘化導。第五地以後則需四攝並修。這種兼顧「總相」與「別相」的修學觀念，使四攝法的整體與部分，能圓融互補而不偏頗。

若進一步將「六相圓融」的「同相」與「異相」觀念，運用於「十波羅蜜」的修學目標，可知前三地（初地歡喜地、第二離垢地、第三發光地）是

表七：十地和十波羅蜜法門、四攝法關係

十地	十波羅蜜法門	四攝法
1. 歡喜地	布施波羅蜜	布施
2. 離垢地	持戒波羅蜜	愛語
3. 發光地	忍辱波羅蜜	利行
4. 焰慧地	精進波羅蜜	同事
5. 難勝地	禪定波羅蜜	四攝並具
6. 現前地	般若波羅蜜	
7. 遠行地	方便波羅蜜	
8. 不動地	願波羅蜜	
9. 善慧地	力波羅蜜	
10. 法雲地	智波羅蜜	

共「人天乘」，與世間善法是「同相」；第四至第六地（第四焰慧地、第五難勝地、第六現前地）是共「二乘（聲聞乘、緣覺乘）」，與出世間善法是「同相」。而第七至第十地（第七遠行地、第八不動地、第九善慧地、第十法雲地）係屬出世間上上善法的「大乘不共」法，與「人天乘」及「二乘」則是「異相」。了解菩薩乘「十波羅蜜」與他乘修學目標的「同相」與「異相」關係，就不會排斥小乘，而是加以會通，做為共同的修學基礎。並且，從小乘「自我解脫」的基礎出發，進而達成大乘不共的究竟「自他解脫」。

菩薩修行的十個階位，每個階位都有入地、出地的狀態。從「六相圓融」的「成相」與「壞相」觀念來看，菩薩剛進入每一階位的「入地」時，就是此地的「成相」；再進趣到下一地時，就是此地的「壞相」。菩薩若具備每個階位「成相」與「壞相」圓融無礙的觀念，就不會執著於某個階位，也不會退轉，而能不斷地提昇進步，直至成就佛道。另外，菩薩的十地修行，也可以分為三個階段：

1. 從初地到五地，是「有相有功用行」的階段。

2.從六地到七地，是「無相有功用行」的階段。

3.從八地到十地，是「無相無功用行」的階段。

修行能從「有相」至「無相」，能從「有功用行」至「無功用行」，也必須具備「成相」與「壞相」圓融無礙的觀念，才能既不執著於「法相」，也不執著於「有功用行」，而達到任運自然的「無相無功用行」。

若想進一步了解大乘菩薩整體十地修行的方法，以及特別著重的要點，可以參照歸納如表八。《華嚴經疏》卷三十四提出：「是以具論諸地所行，略有五義：一、為別地各說一增。……二、辨勝過。……後後皆勝前前。三、論其實行地地具修。四、證理平等非多非一。五、約圓融一具一切。」說明十地修行的實務及觀念，也要運用「六相圓融」教理。十地是個別增上，也是後皆勝前，這是從「別相」、「異相」、「壞相」的差別門來契入；在實行上的地地具修，與證理上的非多非一、圓融一具一切等，則是從「總相」、「同相」、「成相」的圓融門來理解。十地修行必須運用「六相圓融」教理和「一乘十玄」觀念，才能形成互攝無礙的修學系統。

表八：十地修行內容及心行

十地名	修行內容及心行		
1.歡喜地	布施	共人天乘（世間善）	有相有功用行
2.離垢地	持戒		
3.發光地	禪定		
4.焰慧地	三十七道品	共二乘（出世間善）	
5.難勝地	觀四諦		
6.現前地	觀緣起		無相有功用行
7.遠行地	方便慧	大乘不共（出世間上上善）	
8.不動地	成就眾生願		無相無功用行
9.善慧地	四無礙辯		
10.法雲地	佛智		

（一）第一地布施歡喜

初地的菩薩，斷除了「身見結」、「戒禁取結」、「疑結」等三結，不再有顛倒、妄想、執著。能以布施為樂，紹隆佛種、弘法度生，分證了佛陀的法身，相應菩提而歡喜踴躍，所以稱歡喜地。

菩薩至此位捨離無始以來的凡夫異生性，初得聖性，具證人法二空的道理，能利益自他而生大歡喜。《華嚴經》描述歡喜地菩薩的心行是：「菩薩住歡喜地，成就多歡喜、多淨信、多愛樂、多適悅、多欣慶、多踊躍、多勇猛、多無鬪諍、多無惱害、多無瞋恨。」這是初地菩薩的心態表現，擁有歡喜的心，而不存惱害心及瞋恨心。經中又說：「此菩薩以大悲為首，廣大志樂，無能沮壞，轉更勤修一切善根而得成就，……菩薩摩訶薩，隨順如是大悲大慈，以深重心，住初地時，於一切物無所吝惜，求佛大智，修行大捨，凡是所有，一切能施。」初地菩薩能生起布施十大願，詳如表九。

為何初地菩薩可以做到大捨布施？一切身內之物，包括頭目手足、骨髓

表九：布施十大願

十大願	條件	目標
1.供養願	一切供養無餘	功德行滿足
2.受持願	一切法輪悉皆受持	智慧行滿足
3.轉法輪願	一切成佛無餘一切世界住處	為教化眾生
4.修行二利願	心得增長	
5.成熟眾生願	教化眾生	
6.承事願	無餘一切世界	
7.莊嚴淨土願	淨佛國土相	
8.不離大乘願	不念餘乘故	顯自身如實教化眾生
9.利益眾生願	顯不空行菩薩行	
10.成正覺願	起大乘行	

血肉等；一切身外之物，也都能捨施。即是因為初地菩薩能生起布施十大願：第一願是供養一切佛，以圓滿功德的修行。第二願是受持一切法，以圓滿智慧的修行。第三轉法輪願、第四修行二利（利人利己）願、第五成熟眾生願、第六承事願、第七莊嚴淨土願等五願，都為教化眾生。第八不離大乘願、第九利益眾生願、第十成正覺願，則表示自己願意行菩薩道度化眾生。有了這樣深重而廣大的心願，自然可為了追求佛智，修行大捨，初地菩薩一切自己身內及身外之物，都能布施。初地菩薩從一開始修學「布施波羅蜜」，就同時具足福德及智慧，實踐「一乘十玄」的「同時具足相應門」。

（二）第二地持戒離垢

二地的菩薩，自己修行十善，也勸人勤修十善，不再誤犯微細的戒律，遠離垢染，獲得三業清淨，能夠廣行慈悲，饒益有情，菩薩至此位圓具淨戒，遠離煩惱垢，故稱離垢地。

在離垢地行中，是要消除本性之中的垢染。《華嚴經》提出：「所謂正直心、柔軟心、堪能心、調伏心、寂靜心、純善心、不雜心、無顧戀心、廣心、大心。菩薩以此十心，得入第二離垢地。」第二地的菩薩用正直、純善而不雜染的心來修學戒行，可以離卻一切垢染。經中又說：「菩薩住離垢地，性自遠離一切殺生，不畜刀杖，不懷怨恨，有慚有愧，仁恕具足。」如果人人持戒斷惡，有慚愧心，具備仁愛和寬恕，社會就會得到淨化。

表十：戒門四科

四科	重點	修行方法
戒相	戒律條文	諸佛所制的戒條，隨其持戒，成就威儀之行，可做為軌範的相狀。
戒體	持戒意願	行者生起樂於持戒的意願，以本身覺照，自然守護身心，此為出生眾善行之根本。
戒行	開遮持犯	守護身、口、意三業，落實開緣、遮止、持守、不違犯等各項具體的持戒行為。
戒法	增上定慧	由於持戒得生禪定及智慧，是解脫的途徑，出離生死的方法。

另外，離垢地菩薩運用「一乘十玄」的「一多相容不同門」的原理，以此修學「持戒波羅蜜」，可以達到「戒門四科」相容一體的境地。二地菩薩受持多種的「戒相」（菩薩戒律的條文），蘊發「戒體」（歡喜持戒的意願）於內心的意樂，實踐「戒行」（開遮持犯的行持）於外在的行動，能夠將菩薩戒的內涵及形式，融合為一體的「戒法」（增上禪定與智慧），詳如表十。

（三）第三地堪忍發光

三地的菩薩受持佛法，精修四種禪定，得到慈、悲、喜、捨的四無量定，不再為貪、瞋、愚癡闇蔽，能堪忍一切外境。猶如光明驅散一切暗冥，發出無邊妙慧光，故稱為發光地。

欲進入發光地，必須具備十種深心，如《華嚴經》說：「所謂清淨心、安住心、厭捨心、離貪心、不退心、堅固心、明盛心、勇猛心、廣心、大心。菩薩以是十心，得入第三地。」發光地菩薩用清淨不退的堅固心來行菩薩道，又必須要哀愍眾生，為貪、瞋、癡三毒火所燃燒，被諸有牢獄所禁閉，煩惱稠林所覆障，隨生死漂流。而對於佛法的安忍，要做到「無有恭敬而不能行，無有憍慢而不能捨，無有承事而不能作，無有勤苦而不能受，若聞一句未曾聞法，生大歡喜，勝得三千大千世界滿中珍寶」。菩薩以忍辱負重之心，勤修佛法，才能使自己的智慧發出光明。

三地的菩薩修學「忍辱波羅蜜」，能夠忍辱負重，安忍受持佛法，可以運用「一乘十玄」的「諸法相即自在門」的原理。先修學四種禪定（初禪、二禪、三禪、四禪），其中，初禪具有覺、觀、離生喜、樂、一心等五種禪支，二禪具有內淨、定生喜、樂、一心等四種禪支，三禪具有行捨、念、智、離喜妙樂、一心等五種禪支，四禪具有不苦不樂、捨清淨、念清淨、一心等四種禪支。先讓自己的身心穩定，能夠輕安喜樂，再進一步發展出「四無量心」。「慈無量心」是給予眾生一切快樂，「悲無量心」是救拔眾生一切痛苦，而「喜無量心」是看見別人行善或快樂時，自己也會心生歡喜；「捨無量心」則是對一切眾生，怨親平等，不起愛憎，詳如表十一。

表十一：四種禪定／四無量心

四種禪定	初禪	覺、觀、離生喜、樂、一心。
	二禪	內淨、定生喜、樂、一心。
	三禪	行捨、念、智、離喜妙樂、一心。
	四禪	不苦不樂、捨清淨、念清淨、一心。
四無量心	慈無量心	給予眾生一切快樂。
	悲無量心	救拔眾生一切痛苦。
	喜無量心	見人行善或快樂時，心生歡喜。
	捨無量心	對一切眾生，怨親平等，不起愛憎。

（四）第四地焰慧燃惑

四地的菩薩，精進修習三十七道品，斷除了我執及法執，見解上沒有愚癡，思想上也無謬誤，不生愛染，不起瞋怒，慧光如火焰一樣的熾盛，照亮了佛道，菩薩至此位安住最勝菩提分法，燒煩惱薪，增智慧焰，故稱為焰慧地。

焰慧地的菩薩運用智慧的火焰觀察一切，修行十法明門，得潤澤、柔軟、調順等心而入第四地。如《華嚴經》所說：「此菩薩隨所起方便慧，修習於道及助道分。如是而得潤澤心、柔軟心、調順心、利益安樂心、無雜染心、求上上勝法心、求殊勝智慧心、救一切世間心、恭敬尊德無違教命心、隨所聞法皆善修行心。」這是運用方便智慧，向上繼續努力的心性，為救一切世間而學。並對所有的善知識，則必須有恭敬尊德無違教命，而隨所聞法皆善修行的心。

四地菩薩以「精進波羅蜜」，來修行三十七種道品，詳如表十二。《華嚴經》中提出：「作意修行時，得不休息精進、不雜染精進、不退轉精進……。」提醒我們只有精進修行，修行才能成功。菩提道品多達三十七種，共有七類，包括：「四念住」、「四正勤」、「四神足」、「五根」、「五力」、「七覺支」、「八正道」等。在修行實務上，為了讓三十七種道

表十二：三十七道品

四念處	又作四念住。1.身念處，即觀此色身皆是不淨。2.受念處，觀苦樂等感受悉皆是苦。3.心念處，觀此識心念念生滅，更無常住。4.法念處，觀諸法因緣生，無自主自在之性，是為諸法無我。
四正勤	又作四正斷。1.已生惡令永斷。2.未生惡令不生。3.未生善令生。4.已生善令增長。
四如意足	又作四神足。1.欲如意足，希慕所修之法能如願滿足。2.精進如意足，於所修之法，專注一心，無有間雜，而能如願滿足。3.念如意足，於所修之法，記憶不忘，如願滿足。4.思惟如意足，心思所修之法，不令忘失，如願滿足。
五根	根，即能生之意，此五根能生一切善法。1.信根，篤信正道及助道法，則能生出一切無漏禪定解脫。2.精進根，修於正法，無間無雜。3.念根，乃於正法記憶不忘。4.定根，攝心不散，一心寂定，是為定根。5.慧根，對於諸法觀照明了，是為慧根。
五力	力即力用，能破惡成善。1.信力，信根增長，能破諸疑惑。2.精進力，精進根增長，能破身心懈怠。3.念力，念根增長，能破諸邪念，成就出世正念功德。4.定力，定根增長，能破諸亂想，發諸禪定。5.慧力，慧根增長，能遮止三界見思之惑。

七覺分	又作七覺支。1.擇法覺分，能揀擇諸法之真偽。2.精進覺分，修諸道法，無有間雜。3.喜覺分，契悟真法，心得歡喜。4.除覺分，能斷除諸見煩惱。5.捨覺分，能捨離所見念著之境。6.定覺分，能覺了所發之禪定。7.念覺分，能思惟所修之道法。
八正道	又作八聖道、八道諦。1.正見，能見真理。2.正思惟，心無邪念。3.正語，言無虛妄。4.正業，住於清淨善業。5.正命，依法乞食活命。6.正精進，修諸道行，能無間雜。7.正念，能專心憶念善法。8.正定，身心寂靜，正住真空之理。

品不至於相互混雜，可運用「一乘十玄」的「因陀羅網境界門」的原理，如同因陀羅網中的寶珠互相輝映，道品的修學也應該互相輔助，發揮出相加相乘的效果。

（五）第五地不二難勝

五地的菩薩，先修十種平等清淨心，再修滿了禪定，並證悟了二種真實的諦理——世俗諦（世間的真理）、第一義諦（出世間真理）。就如《華嚴經》所說：「此菩薩隨眾生心樂令歡喜故，知俗諦；通達一實相故，知第一義諦。」為令眾生心歡喜，必須證知世俗諦；為能通達實，必須證知第一義諦。菩薩到了五地，努力修學真俗二諦，達到相互融通，證悟空有不二，不執著生死，也不執著涅槃，這是很難到達的境地，所以才名為難勝地。

難勝地的菩薩為了利益眾生，以「禪定波羅蜜」所得到的身心穩定，同時修學世俗諦及第一義諦，這可以運用「一乘十玄」的「微細相容安立門」，讓真俗二諦能相互融通、相互安立。此地的菩薩，必須具足多種能力來幫助大眾，如《華嚴經》所說：「此菩薩摩訶薩為利益眾生故，世間技藝，靡不該習，……又善方藥，療治諸病，……文筆讚詠，歌舞妓樂，戲笑談說，悉善其事。……為利益故，咸悉開示，漸令安住無上佛法。」五地菩薩為了利益社會大眾，至少必須具備五個方面的學習，稱為「五明」，詳如表十三。其中的「聲明」、「因明」、「醫方明」、「工巧明」屬於世俗諦，包含語言文字、邏輯數理、醫療治病、以及科學技術等等。而「內明」即是佛學的教理哲學，為「五明」之首，屬於第一義諦。「內明」既可以幫助自己修行，又可幫助他人開悟解脫，成就佛道，詳如表十三。

表十三：五明之學

諦名	項目	內容
世俗諦	聲明	語言、文字、文學等，即語言表達及書寫、著述能力。
	因明	邏輯學、論理學，可以深入了解佛法理論，令未相信佛法的人相信。
	醫方明	醫學、藥學乃至咒術等，可幫助眾生強身健體，並醫色身病苦。
	工巧明	藝術、科學、工藝、農業等，即日常生活中所需要的技藝。
第一義諦	內明	佛學教理學、哲學，為五明之首；對佛教而言，即經、律、論三藏。內明既利自己修行，又可幫助他人開悟。

（六）第六地般若現前

六地的菩薩，修學「般若波羅蜜」，照見緣起性空不相妨礙（緣起智），徹悟諸法無自性（最勝智），真實佛法已經現前，所以稱為現前地。第六地菩薩以現前般若智慧，觀察六道眾生的業緣——十二因緣。如果順著業緣，就會生死流轉；逆向業緣，就可以解脫涅槃。由於過去煩惱業習的二種因——無明、行，造成現在投生入胎的五種果——識、名色、六入、觸、受。而現在煩惱執著的三種因——愛、取、有，造成未來生死輪迴的二種果——生、老死。詳如表十四。

《華嚴經》對於「十二因緣」提出很特別的看法：「此菩薩摩訶薩復作是念，三界所有，唯是一心，如來於此分別演說十二有支，皆依一心，如是而立。何以故？隨事貪欲與心共生，心是識，事是行，於行迷惑是無明，……生熟為老，老壞為死。」這是特別提醒我們，「十二因緣，唯是一心」的重要祕密。也就是說，我們要順著業緣而生死流轉，或逆向業緣而解脫涅槃，都在於自己的一念之中。運用「一乘十玄」的「祕密隱顯俱成門」道理，掌握「十二因緣，唯是一心」的祕鑰，以自己的清淨心念，來斷除隱藏的業緣，就能顯露並開啟解脫涅槃的大門。

表十四：十二因緣及三世因果關係

一心		
十二因緣		
過去二因	1.無明	貪、癡等煩惱——惑
	2.行	造作諸業——業
現在五果	3.識	業識投胎——苦
	4.名色	但有胎形六根未具——苦
	5.六入	長成眼等六根人形——苦
	6.觸	出胎與外境接觸——苦
	7.受	與外境接觸生苦樂感受——苦
現在三因	8.愛	對境生愛欲——惑
	9.取	追求造作——惑
	10.有	成業因能招未來果報——業
未來二果	11.生	再受未來五蘊身——苦
	12.老死	未來之身又漸老而死——苦

（七）第七地方便遠行

七地的菩薩，修學十種方便慧，以無比的毅力，功用行滿。包括「慈悲不捨」、「樂常供養」、「勤集福德」、「莊嚴三界」、「起滅煩惱」、「隨心作業」、「莊嚴佛土」、「莊嚴其身」、「清淨音聲」、「種種修行」等十種方便妙慧，詳如表十五。菩薩在日常生活中，行住坐臥乃至每一個念頭，都不能離開十種方便慧。猶如《華嚴經》所說：「此菩薩以深智慧如是觀察，常勤修習方便慧，起殊勝道，安住不動，無有一念休息廢捨。行住坐臥，乃至睡夢，未曾暫與蓋障相應，常不捨於如是想念。」這十種方便慧就是「方便波羅蜜」的核心，七地菩薩雖有入滅的純淨智慧，卻擔負起世間雜務，這種方便度眾的方式，具足了無量功德，其實就是「一乘十玄」之「諸藏純雜具德門」的實踐。

第七地的菩薩，以無比的毅力，持續修行三十七菩提道品，達到最圓滿的地步，得入智慧自在行。菩薩到此位階，修行進入「無相行」，遠離世間

表十五：十種方便妙慧

名稱	釋義
1.慈悲不捨方便	雖善修空、無相、無願三昧，而慈悲不捨眾生。
2.樂常供養方便	雖得諸佛平等法，而樂常供養佛。
3.勤集福德方便	雖入觀空智門，而勤集福德。
4.莊嚴三界方便	雖遠離三界，而莊嚴三界。
5.起滅煩惱方便	雖畢竟寂滅諸煩惱焰，而能為一切眾生起滅貪、瞋、癡煩惱焰。
6.隨心作業方便	雖知諸法如幻、如夢、如影、如響、如焰、如化、如水中月、如鏡中像、自性無二，而隨心作業無量差別。
7.莊嚴佛土方便	雖知一切國土猶如虛空，而能以清淨妙行莊嚴佛土。
8.莊嚴其身方便	雖知諸佛法身本性無身，而以相好莊嚴其身。
9.清淨音聲方便	雖知諸佛音聲性空寂滅不可言說，而能隨一切眾生出種種差別清淨音聲。
10.種種修行方便	雖隨諸佛了知三世唯是一念，而隨眾生意解分別，以種種相、種種時、種種劫數而修諸行。

及二乘的「有相行」，所以稱為遠行地。

另外，第七地在整個十地修行中，具有承先啟後的地位。如《華嚴經》所說：「菩薩從初地乃至第七地，成就智功用分，以此力故，從第八地乃至第十地無功用行，皆悉成就。」承先的部分是成就智功用分；而啟後的部分，則是成就「無功用行」，也就是開啟了第八地的「無相無功用行」，修行不再需要刻意用功，變得任運自然。

（八）第八地大願不動

八地的菩薩，功德任運增進，煩惱不再現行，不為任何外境所動，只有大願力相續任運，稱為不動地。到了第八不動地，就是深行的菩薩，修行不再需要刻意用功，變得任運自然，從第七地的「有功用行」，轉入第八地的「無功用行」，這是十地修行中的轉捩點。如《華嚴經》所說：「住不動地，即捨一切功用行，得無功用法，身口意業，念務皆息，住於報行。」「無功用行」不需刻意加功用行，猶如《華嚴經》經文的比喻：「譬如乘船欲入大海，未至於海，多用功力。若至海已，但隨風去，不假人力，以至大海，一日所行，比於未至，其未至時，設經百歲，亦不能及。」第八地菩薩的修行，就像乘船進入大海，不再需要人力，隨風航行，任運自然。

不動地的菩薩，不再退轉而能夠持續利益大眾，表現出不動而動的妙用，身、語、意業，都能自然積集一切佛法。主要的原因，是八地菩薩修學「願波羅蜜」得到十種「善住深心力」，詳如表十六。依經文所描述：「菩薩住此地，得善住深心力，一切煩惱不行故；得善住勝心力，不離於道故；得善住大悲力，不捨利益眾生故；得善住大慈力，救護一切世間故；……此菩薩得如是智力，能現一切諸所作事，於諸事中，無有過咎。」安住於這種大願力，不離於菩薩道、不捨利益眾生，而能救護一切世間，最後證得佛智而成就道。有了十種「善住深心力」的大願力，再運用「一乘十玄」的「十世隔法異成門」觀念，遇到任何困難，就不會退轉；也不擔心修行時劫長短，超越了時間的限制。

表十六：十種善住深心力

名稱	釋義
1.得善住深心力	一切煩惱不現行
2.得善住勝心力	不離於菩薩道
3.得善住大悲力	不捨利益眾生
4.得善住大慈力	救護一切世間
5.得善住陀羅尼力	不忘於法
6.得善住辯才力	善觀察分別一切法
7.得善住神通力	普往無邊世界
8.得善住大願力	不捨一切菩薩所作
9.得善住波羅蜜力	成就一切佛法
10.得如來護念力	一切種、一切智智現前

（九）第九地善慧無礙

九地的菩薩，延續前一地的「無相無功用行」，修學「力波羅蜜」，以任運自然的清淨法力，守護佛法寶藏，以純善智慧開示眾生，菩薩至此位，成就微妙的「四無礙辯」，善說各種法門智慧，稱為善慧地。

善慧地菩薩，善於運用自己的智慧，能確實知道各種法行，確實知道眾生心中各種煩惱；也確實了知煩惱的業相、受生相、習氣相，確實了知眾生的諸行差別，並以「四無礙辯」演說教化，令得解脫。如《華嚴經》所描述：「菩薩住此善慧地，作大法師，具法師行，善能守護如來法藏，以無量善巧智，起四無礙辯，用菩薩言辭，而演說法。」「四無礙辯」均以智慧為本質，稱為四無礙智；就理解能力而言，稱為四無礙解；就言語表達能力來看，則稱為四無礙辯，詳如表十七。

九地菩薩具足四種無礙辯才及智力，能夠多加運用，就會愈來愈巧妙，成為一位大法師。法師所需具備的能力，應如《華嚴經》所說：「菩薩勤加

表十七：四無礙辯

名稱	釋義
1.法無礙	領悟法之名句、文章，並能決斷無礙。
2.義無礙	通達法所詮表之義理，並能決斷無礙。
3.辭無礙	精通各種語言文辭，而能無礙自在。
4.樂說無礙	隨順對方之願求，而樂於為之巧說。

精進力，復獲功德轉增勝，聞持爾所諸法門，如地能持一切種。」也就是要能夠守護如來法藏，並且加以演說。

善慧地菩薩善於發揮自己無量的智力，又善於觀察一切眾生根機，並且善於將自己所學加以弘揚及演說。其實，這就是「一乘十玄」的「由心迴轉善成門」的具體實踐。九地菩薩的善慧，除了可以利益到自己，也願意迴向及分享給社會大眾，能夠真正做到協助自他解脫，可以說是既自利又利人的工作。

（十）第十地智如法雲

十地的菩薩，是即將成佛的「法王子」，可以證入一切諸佛所有智慧。菩提智慧與諸佛沒有差別，圓滿清淨與諸佛一樣，這是成佛的象徵。如《華嚴經》所說：「一切諸佛所有智慧，廣大無量，此地菩薩皆能得入。」而且，十方諸佛放大光明，集合而流入菩薩的頂內。一切諸佛的所有法門，入於菩薩心中，都能安受攝持。經文說明此境界為：「於彼一一諸如來所，所有法明、法照、法雨、三世法藏，皆能安、能受、能攝、能持，是故此地名為法雲。」菩薩到這個位階，大法智雲含眾德水，使無量功德充滿法身，所以稱為法雲地。

法雲地菩薩不但能自在說法，而且能遍法界而現神通，現身說法。如法雨普降，無處不滿；大地的一切草卉樹木，都得到滋潤而茁長。法雨從法雲而來，依據《華嚴經》所述：「自從願力生大慈悲，福德智慧以為密雲；現種種身以為雜色雲；通明無畏以為電光；震大雷音，說法降魔。一念一時，能於上所說微塵世界，皆悉周普，以雨善法甘露法雨。」

法雲地菩薩的現身說法，能長養一切大眾的善根，猶如雲朵密布，大雨滂沛，潤澤大地。此地菩薩修學「智波羅蜜」增勝。除了成佛以外，前九地菩薩的一切智慧善根，都不能及。

「智波羅蜜」所修的內容，包含「集智」、「應化智」、「加持智」、「入細微智」、「密處智」、「入劫智」、「入道智」等七類，稱為「七種智大」，詳如表十八。

這七類智慧，是菩薩修行直到成佛的過程中，歷事鍊心、度化眾生，所累積的經驗與智慧。這就是「一乘十玄」之「託事顯法生解門」能成就佛智的過程。透過了解大眾的所有煩惱、業習，修學所有法門，而達到與三世諸佛同樣的智慧境界。

表十八：七種智大

名稱	釋義
1. 集智大	如實知欲界集、色界集、無色界集、世界集、法界集、……入一切法分別決定智集。
2. 應化智大	如實知眾生業化、煩惱化、……菩薩化、如來化、一切分別無分別化。
3. 加持智大	如實知佛持、法持、僧持、業持、煩惱持、……行持、劫持、智持。
4. 入細微智大	如實知諸佛如來入微細智，所謂：修行微細智、……般涅槃微細智、教法住微細智。
5. 密處智大	入如來祕密處，所謂：身祕密、語祕密、心祕密、……一切眾生根行差別祕密、業所作祕密、得菩提行祕密。
6. 入劫智大	知諸佛所有入劫智，所謂：一劫入阿僧祇劫，阿僧祇劫入一劫、……過去劫入未來劫，未來劫入過去劫……。
7. 入道智大	知如來諸所入智，所謂：入毛道智、入微塵智、……入示現聲聞智辟支佛智菩薩行如來行智。

二、普賢十大願王

十地修行的時劫雖然漫長，在實修上若能「願」、「行」具足成佛必然能水到渠成。《華嚴經》提出普賢菩薩的十項廣大願行，它是成就佛道必修的願行，稱「十大願王」。

這十大願是：「一者：禮敬諸佛；二者：稱讚如來；三者：廣修供養；四者：懺悔業障；五者：隨喜功德；六者：請轉法輪；七者：請佛住世；八者：常隨佛學；九者：恆順眾生；十者：普皆迴向。」需要特別注意的是，這十大願之所以具有無量功德，在於願心永無止息，眾生界盡、眾生業盡、眾生煩惱盡，而十大願王，無有窮盡。菩薩在因地修行，如果能學習菩賢菩薩發出廣大願心，以願導行，廣修六度萬行，就能快速滅除一切身心煩惱，遠離執著，具足無量功德，成就無上莊嚴佛果。

（一）禮敬諸佛

《華嚴經》說：「言禮敬諸佛者，所有盡法界、虛空界、十方三世一切佛剎極微塵數諸佛世尊，我以普賢行願力故，起深信解，如對目前。悉以清淨身語意業，常修禮敬。……我此禮敬無有窮盡，如是乃至眾生界盡、眾生業盡、眾生煩惱盡，我禮乃盡。」

諸佛都是自覺、覺他、覺行圓滿之聖者，應以至誠之心禮敬諸佛，若有一分恭敬，就能消一分業障，增長一分福慧。眾生無明，多生憍慢，故須禮敬諸佛，以除滅我慢，進而學習佛之慈悲心、柔軟心。禮佛時，至誠專注，觀想三世諸佛如在面前，身心恭敬禮拜。而且，禮敬諸佛的身業，要相續無有間斷，就可以達到禮佛無盡的最高境界。

（二）稱讚如來

《華嚴經》說：「言稱讚如來者，所有盡法界、虛空界、十方三世一切剎土，……我當悉以甚深勝解，現前知見，各以出過辯才天女微妙舌根，一一舌根，出無盡音聲海，一一音聲，出一切言辭海，稱揚讚歎一切如來諸功德海。窮未來際，相續不斷，盡於法界，無不周遍。如是虛空界盡、眾生界盡、眾生業盡、眾生煩惱盡，我讚乃盡。」

諸佛如來歷經多劫難行能行、難忍能忍修行，證得無上智慧與圓滿福德，成就佛果。讚歎如來的功德，能夠清淨口業，不造妄言、兩舌、惡口、綺語等過惡。讚歎如來可以消業轉業，增長福慧，也能夠成就廣長舌相。我們要學習大辯才天女的微妙音聲，來讚揚諸佛如來功德。而且，稱讚如來的口業，要相續無有間斷，就可以達到讚佛無盡的最高境界。

（三）廣修供養

《華嚴經》說：「言廣修供養者，所有盡法界、虛空界、十方三世一切佛剎極微塵中，一一各有一切世界極微塵數佛，一一佛所，種種菩薩海會圍遶。我以普賢行願力故，起深信解，現前知見，悉以上妙諸供養具，而為供養。」

以飲食、衣服、醫藥、臥具等四事供養三寶，稱為「事供養」；若能如法修行者，則稱為「法供養」。若人以恭敬心、平等心上供十方諸佛，中奉諸聖賢，下施六道眾生，必獲殊妙之福報。廣修供養，不僅可廣集福德資糧，亦可祛除內心的貪、瞋、癡，增長清淨心、慈悲心及智慧心，藉此福慧雙修，圓滿世出世間之功德。若進一步體解「三輪體空」之理，無能供養者、受供養者及所供養之物，當下即能契入空性智，這是無上法供養。

（四）懺悔業障

《華嚴經》說：「言懺除業障者，菩薩自念：我於過去無始劫中，由貪瞋癡，發身口意。作諸惡業，無量無邊。若此惡業有體相者，盡虛空界不能容受。我今悉以清淨三業，遍於法界，極微塵剎一切諸佛菩薩眾前，誠心懺悔，後不復造，恆住淨戒一切功德。……我此懺悔無有窮盡，念念相續無有間斷，身語意業無有疲厭。」

懺悔就是要知錯並改過，凡夫常因為貪、瞋、癡煩惱，而造成身、口、意的惡業，乃至受苦報。要想祛除妄想、執著、煩惱，必須深生慚愧、誠心懺悔改過，不再造作惡業，才能蠲除罪障，回復自性清淨。懺悔要觀想罪性空寂，了不可得；造罪之身為四大假合，無有實性；妄心念念變異遷流，虛妄不實。懺悔無有窮盡，念念相續無有間斷，則一切罪愆，頓時消除。

（五）隨喜功德

《華嚴經》說：「言隨喜功德者，所有盡法界、虛空界、十方三世一切佛剎極微塵數諸佛如來。從初發心，為一切智，勤修福聚，不惜身命，經不可說不可說佛剎極微塵數劫，一一劫中，捨不可說不可說佛剎極微塵數頭目手足。如是一切難行、苦行，圓滿種種波羅蜜門，證入種種菩薩智地，成就諸佛無上菩提及般涅槃，分布舍利，所有善根，我皆隨喜。……如是虛空界盡、眾生界盡、眾生業盡、眾生煩惱盡，我此隨喜無有窮盡，念念相續無有間斷，身語意業無有疲厭。」

隨喜是見別人行善，自己也會心生欣悅，菩薩不僅隨喜諸佛如來，難行能行而成佛功德；也隨喜於十方世界眾生之所有功德，乃至小如微塵之善，悉皆隨喜。舉凡身、口、意功德，不論大小，皆可修隨喜功德。時時廣修隨喜功德，不僅祛除慳貪、吝嗇、嫉妒之心，獲得勝善功德，更能使心量廣大。如見聞他人行一切善法，則以身效法，或布施掌聲鼓勵；口說愛語，予以讚歎；心生歡喜，無有嫉妒。

（六）請轉法輪

《華嚴經》說：「言請轉法輪者，所有盡法界、虛空界、十方三世一切佛剎極微塵中，一一各有不可說不可說佛剎極微塵數廣大佛剎。一一剎中，念念有不可說不可說佛剎極微塵數，一切諸佛成等正覺，一切菩薩海會圍遶。而我悉以身口意業，種種方便，慇懃勸請，轉妙法輪。如是虛空界盡、眾生界盡、眾生業盡、眾生煩惱盡，我常勸請一切諸佛，轉正法輪無有窮盡，念念相續無有間斷，身語意業無有疲厭。」

諸佛如來以佛法運載眾生橫度煩惱流，直登涅槃彼岸，成就出世聖果，稱為「轉法輪」。佛陀說法，皆因有弟子請轉法輪的因緣，才開演無上妙法。因此，若能請轉法輪，並廣行菩薩道，助佛轉輪，令眾生契悟究竟實相大法，必能普利群生。若更能時時保持正念，於紅塵度眾而心不染著，則為轉自法輪。常常勸請一切諸佛，轉正法輪，無有窮盡，則能親證如來不可思議境界。

（七）請佛住世

《華嚴經》說：「言請佛住世者，所有盡法界、虛空界、十方三世一切佛剎極微塵數諸佛如來，將欲示現般涅槃者，及諸菩薩、聲聞、緣覺、有學、無學，乃至一切諸善知識，我悉勸請莫入涅槃。經於一切佛剎極微塵數劫，為欲利樂一切眾生。如是虛空界盡、眾生界盡、眾生業盡、眾生煩惱盡，我此勸請無有窮盡，念念相續無有間斷，身語意業無有疲厭。」

諸佛如來演說世出世間之真理，能令眾生脫離生死苦海，得證涅槃大樂。應當至誠禮請諸佛長久住世，作世間之明燈，令眾生修行有所依怙。昔日佛陀涅槃前，阿難為魔蔽心，而不知請佛住世。若當時阿難能請佛住世，吾人今日仍能親見如來金色身、親聞世尊梵音聲。我們應當發願，若知諸佛如來、菩薩、緣覺、聲聞等聖者，乃至一切善知識，將欲示現般涅槃時，應恭敬勸請莫入涅槃，以利樂一切眾生。

（八）常隨佛學

《華嚴經》說：「言常隨佛學者，如此娑婆世界毘盧遮那如來，從初發心，精進不退，以不可說不可說身命而為布施，……一切所有，及餘種種難行、苦行，乃至樹下成大菩提，示種種神通，起種種變化，現種種佛身，處種種眾會，或處一切諸大菩薩眾會道場，……處於如是種種眾會，以圓滿音，如大雷震，隨其樂欲成熟眾生，乃至示現入於涅槃，如是一切我皆隨學。如今世尊毘盧遮那，如是盡法界、虛空界、十方三世一切佛剎所有塵中，一切如來皆亦如是，於念念中，我皆隨學。」

修行學佛，即是學習諸佛的清淨身、口、意三業。時時以佛行為己行、佛言為己言、佛心為己心，是為常隨佛學。諸佛示現難行苦行，乃至於出家、成道、轉法輪、入涅槃，一切示現，均為行者學習之楷模。佛弟子當常隨佛學，身行一切善，口言法語、善語；心念常懷慈悲；恪遵諸惡莫作，眾善奉行，自淨其意，以進趣涅槃道。無論行住坐臥，身、口、意三業不起凡夫染汙心，安住正念，則清淨心時時現前，契入如來清淨法身，當下即在佛左右，常隨佛學。

（九）恆順眾生

《華嚴經》說：「言恆順眾生者，謂盡法界、虛空界、十方剎海，所有眾生種種差別，……若諸菩薩以大悲水饒益眾生，則能成就阿耨多羅三藐三菩提故。是故菩提屬於眾生，若無眾生，一切菩薩終不能成無上正覺。善男子！汝於此義，應如是解，以於眾生心平等故，則能成就圓滿大悲，以大悲心，隨眾生故，則能成就供養如來。菩薩如是隨順眾生，虛空界盡、眾生界盡、眾生業盡、眾生煩惱盡，我此隨順無有窮盡，念念相續無有間斷，身語意業無有疲厭。」

菩薩以大慈悲心，廣學無量，以四攝法、六波羅蜜等菩薩行門，恆順眾生，隨機度化，廣結善緣。若無眾生，一切菩薩，終不能成無上正覺，故菩薩恆以大悲心饒益眾生，於無量捨身利他行誼中，成就諸佛智慧華果。菩薩以平等心，饒益一切眾生，隨其所需，樂施一切，並隨機轉化眾生煩惱，趣向佛道。

（十）普皆迴向

《華嚴經》說：「言普皆迴向者，從初禮拜乃至隨順，所有功德，皆悉迴向，盡法界、虛空界一切眾生，願令眾生常得安樂，無諸病苦，欲行惡法皆悉不成；所修善業，皆速成就。……菩薩如是所修迴向，虛空界盡、眾生界盡、眾生業盡、眾生煩惱盡，我此迴向無有窮盡，念念相續無有間斷，身語意業無有疲厭。」

迴向是將己所修一切善法功德，分享給法界一切眾生，願自身及眾生，皆得共成佛道。另外，可以「迴事向理」，將所修一切善法，而心不執著，了達一切有為法，緣起性空，諸法畢竟空寂，從有為迴向無為，而契入不生不滅菩提、涅槃之理。也可以「迴因向果」義，於因地勤修六度萬行，願未來際能成就無上佛果。以此廣大無私心願，普遍迴向，即能契入如來不可思議解脫境界。

「願」與「行」就好像鳥類的雙翼，兩翼相互輔助，就能展翅高飛，快速抵達修行成佛的目的地。我們想成就無上佛道，就必須學習普賢十大願。我希望以普賢行願精神，努力做到：「虛空界盡、眾生界盡、眾生業盡、眾生煩惱盡，我此禮敬、讚歎、供養、……迴向無有窮盡，念念相續無有間斷，身語意業無有疲厭。」以此自我惕勵，精進修行，必能以無盡的行願，成就萬德莊嚴之無上佛果。

〈第四篇〉

現代生活運用

一、實踐華嚴世界觀

佛陀見性成等正覺後首講《華嚴經》，共分為九次的演說，稱為九會；除了第一會、第九會外，其餘皆在天上所講。佛陀為何大部分在天上為天人講說此經？因為《華嚴經》這種以成佛為目標的一乘顯性教理，一般的人們是難以信受的。

佛陀說法是根據大眾的根機及需要，分別解說不同層次的教理。對於以證阿羅漢果為解脫目標的聲聞眾，解說對治解脫的教理，如《阿含經》等；而對於發願行菩薩道的菩薩眾，佛陀則介紹大乘破相的空性教理，如《般若經》等，以及大乘法相的唯識教理，如《解深密經》等。

(一)成就五分法身

佛教的經教，看起來很龐雜，單單一部《華嚴經》圓顯佛性的經典，就令人感到深奧難以親近。其實，只要運用「六相圓融」及「一乘十玄」的系統思想，我們便可以將佛陀的所有經教，綜合歸納為「無漏三學」——增上戒學、增上定學、增上慧學，加上「解脫」，以及解脫後所體證的「解脫知見」，形成「五分法身」，詳如表十九。

修學佛法欲成佛，必須以五種功德法成就佛身，稱為五分法身：1.戒法身、2.定法身、3.慧法身、4.解脫法身、5.解脫知見法身。戒法身是身、口、意三業清淨，離一切過失；定法身是修學禪定力，離一切的妄念；慧法身是修學智慧力，通達真智圓明的性相；解脫法身是斷除身心煩惱，解脫一切繫縛；解脫知見法身是得解脫後，具有解脫所體證的智慧。

在《華嚴經》十地的修行教理上，我們可以將初地及二地的「布施波羅蜜」、「持戒波羅蜜」統合成增上戒學；而將三地至五地的「忍辱波羅蜜」、「精進波羅蜜」、「禪定波羅蜜」統合成增上定學；而六地至十地的「般若波羅蜜」、「方便波羅蜜」、「願波羅蜜」、「力波羅蜜」、「智波羅蜜」都統合成增上慧學。最後達到大乘修行的究竟解脫——成佛，體得諸佛如來的解脫知見——佛智。

表十九：五分法身

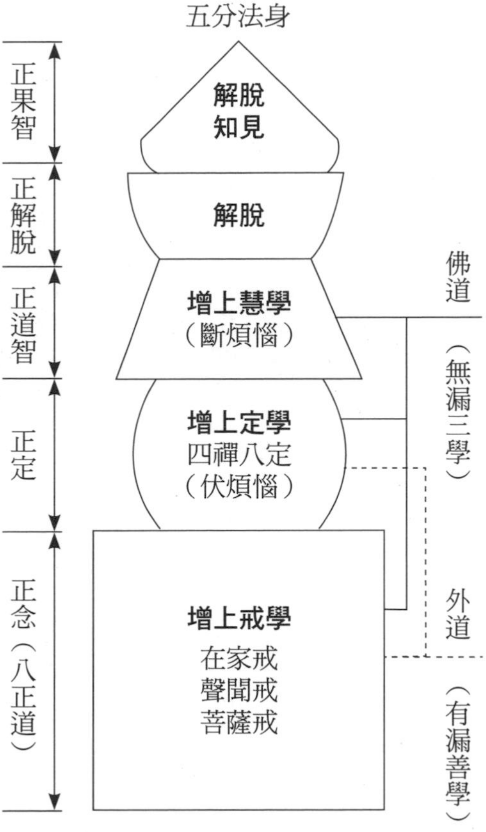

（二）系統思考的整體觀

《華嚴經》的教理思想，是一種圓教思想，也是一種系統思考，所謂的圓教，就是要有整體性，有非常嚴密的系統。在修行的過程中，我們也需要有次第、有步驟。所以，在《華嚴經》的〈十地品〉中，從初地開始，就像蓋十層樓房一樣，要從一樓層層漸進蓋到十樓，不能省略任何一個樓層。十地的修學包含了完整的步驟，以及整體的目標，有步驟但又能圓頓，不拘泥於次第，這是華嚴教理很精彩的地方。漢傳佛教的傳統上，比較喜歡簡約及圓頓。其實，漢傳佛教的祖師，已經充分發揮出華嚴教理的圓融觀念，將次第與圓頓融合在一起，成為能夠互攝互入的修學系統。

在修行實務上，每一地都須修學一種主要的波羅蜜法門，但也要同時兼學其他的九種波羅蜜法門。十地的修行，我們可以用「漸次止觀」的方式，逐地修學每一種波羅蜜法門；也可以用「圓頓止觀」的方式，達到止觀雙運，以及定慧等持，而證入無餘涅槃。就像漢傳佛教的禪宗，不論是北派的「漸悟」或是南派的「頓悟」，以系統思考的方法，找到適合自己的修行法門，才是最重要的。

系統思考的意思，是把所有的事物看作一個完整的體系，除了要看到整體和組成部分，還要進一步看到這些組成部分之間的相互作用，並以總體的角度，把系統中的資訊加以處理和協調。系統思考的作用，能夠帶來整體觀，也能夠消融矛盾及對立。它不論是對人際關係也好，對事業推展也好，使我們能夠看得更完整、更清楚，而得以掌握真正的重點，能夠解決實際的問題。

隨著科學技術的進步，佛教的經論教理，可以試著跟現代的科學理論或物理實驗，互相論證。雖然諸佛如來的智慧，遠超現代人類的科學知識，但相互比較一下，剛好可以表現出佛教是一個很理性、很科學的宗教。

為了讓現代人更能理解《華嚴經》重重無盡的境界，我們除在本篇研究佛法和科學之間，彼此如何互相論證，以了解這種深廣而圓融互攝的教理，並進一步探討如何在現代社會中，以人間淨土的方式，落實華嚴佛性教理的實踐。

二、佛法與科學互證

《華嚴經》所講的法界緣起境，是圓融無礙，一即一切，一切即一，而且要達成理事無礙、事事無礙。法界一大緣起之全體性，即華嚴宗祖師所揭示的「六相圓融」及「一乘十玄」。

（一）諸法唯心所造

《華嚴經》的宇宙人生觀，認為諸佛世界、三千大千世界、人體世界都有著相同的緣起。現代量子理論及科學實驗，恰好解釋佛經所講的「諸法唯心所造」、「三界唯心，萬法唯識」。佛教所提出的心物相通觀念，也可從科學觀察中，得到解釋。

在量子科學裡，雙縫實驗（double-slit experiment）是一種演示光子或電子等微觀物體的波動性與粒子性的實驗。波粒二象性（wave-particle duality）是指某物質同時具備波的特質及粒子的特質。波粒二象性是量子力學中的一個重要概念。「波動」是能量的表現，「粒子」則組成了物質。一切眾生由五蘊（色、受、想、行、識）組成；其中，色蘊的物質特性即由「粒子」組成。而受、想、行、識等四蘊的精神特性，就可從「波動」及能量來理解。宇宙萬物及芸芸眾生皆有相續及變遷兩種特性，也可以從「波粒二象性」得到對應的說明。

另外，貝爾實驗發現了神奇的「量子纏結」現象。如果將光子經撞擊分為兩個，送到相隔很遠的兩個海島，透過儀器的觀察，發現分處異地的兩個光子，竟然有神祕的連結，能夠互相影響，並且瞬間完成相同的行為。這種現象，就好像《華嚴經》中，描述普賢菩薩分身的能力，「一身復現剎塵身，一一遍禮剎塵佛」。從量子物理的「波粒二象性」來看，菩薩的五蘊身心，是由很多微小粒子所組成，而一般凡人也是由很多微小粒子組成的。凡人為什麼不能像普賢菩薩一樣，具有分身的能力呢？很可能是因為凡夫的煩惱執著太多，波動能量遭到嚴重的干擾，造成粒子無法像單純的光子或電子那樣，表現出原有的能力及特性。

（二）轉量子紊態為穩態

佛陀在《華嚴經》提到：「奇哉！奇哉！云何如來具足智慧在於身中而不知見？我當教彼眾生覺悟聖道，悉令永離妄想顛倒垢縛，具見如來智慧在其身內，與佛無異。」說明一切眾生具足諸佛如來的智慧，但是凡夫為何不能圓顯佛性，表現出清淨平等的智慧呢？從量子科學來看，不論凡夫或聖賢，所有五蘊身心都由粒子和波動組成。粒子組成物質，形成色法；而波動表現能量，形成心法。每個基本粒子都蘊藏像核能一般的巨大能量，也具有量子糾纏超越時空的能力，詳如表二十。

但由於凡夫的身心處於「量子紊態」，常常生起煩惱執著，造成色法的粒子不純淨，心法的波動不穩定，所以受限在三界六道之內，無法脫離生死輪迴之苦。聖賢透過禪定智慧的修學，斷除所有惑業，身心處於「量子穩態」，色法的粒子單純，顯現出清淨的狀態；心法的波動穩定，顯現出平等的心態，所以能從三界六道內超脫出來，達到涅槃解脫的境界。凡夫或聖

表二十：量子狀態對比表

基本元素	凡夫狀態	聖賢狀態
量子基態 →	量子紊態 →	量子穩態
粒子＋波動 色法：粒子組成物質 心法：波動表現能量 核子蘊藏巨大能量 量子糾纏超越時空（法性／覺性）	色法：粒子不純淨（雜染） 心法：波動不穩定（煩惱執著） 色心二法， 組成生命； 煩惱執著， 色心紊亂； 受限三界， 生死輪迴。	色法：粒子純淨（清淨） 心法：波動穩定（平等） 禪定智慧， 斷除惑業； 色心穩定， 清淨平等； 超脫三界， 涅槃解脫。
量子本來純淨（一切法本如來藏性）	眾生煩惱執著（覆藏如來藏性）	諸佛清淨平等（圓顯如來藏性）

賢，由於同樣的量子所組成，只要能像聖賢一樣，斷出煩惱惑業，也可以達到清淨平等、涅槃解脫的狀態；發揮出每個量子的巨大能量，以超越時空的能力。

（三）宇宙萬法圓融無礙

現代科學也發現，宇宙當中沒有大小，再小的物質裡，都涵藏著全部的資訊，稱之為「全息理論」。全息理論為我們引出了一個新的視角，原來世界的每一個局部，都包含了整個世界，在《華嚴經》中提到，即使是浩瀚無垠的宇宙，把它磨成無量無邊的微塵，每一粒微塵都包含整個宇宙。一微塵是部分，整個宇宙是全體，部分裡有全體的資訊、全體的現象，每粒微塵裡，圓滿包含法界的全體。所以，一切法，沒有大小、先後、遠近、去來，一即一切，一切即一，這是諸法實相。

另外，共形循環宇宙學，也證明宇宙循環理論的正確性。認為宇宙的終結就是另一次大爆炸的開始，宇宙就在「大爆炸」加「膨脹」中無限循環，類似佛教「生、住、異、滅」循環相續的宇宙觀。因此，從現今的科學理論和科學發現，來看宇宙人生，與《華嚴經》的觀念及思想是非常相似的。

即使不了解科學實驗和理論，透過現代的科技生活，我們也能直接體驗華嚴世界觀。例如透過網路直播課程學習佛法，只要在家裡連上電腦網路，不管你在地球的任何一個角落，都可以清楚聽到佛法課程。科技的力量，可以證明華嚴的互攝互入、一即一切理論。地球村裡的每一分子，生命都是彼此牽連，息息相關。

三、人間淨土的實踐

《華嚴經》雖講諸佛神通妙用，其實這些神通妙用在人的身上是相同的。因此，每個修行人都「應該」能有像華嚴世界的諸佛神通妙用一樣。所以，修行人應清楚地知道這一時，自己的五臟六腑、自己的意念正開始發生什麼樣的妙用。人最重要的即腦意識，是人的王，能淨則是王；不淨，則是賊。所謂賊，是會到處流竄不定，不斷吸取外在人、事、物，並滅了自己的自性者為賊。意是最難控制的，但意也是最直接、最能接收所有外塵、外相，包括出世、入世，包括接收華嚴體性者。如果我們能入禪定止觀，便能感知所有眾生的無明念頭。能知所有眾生的無明，也就能了解自己的無明以及事物的緣起。如此，在自己的法界性上，就不會有太多的煩惱性。意專一，直心能通法界。一時，便能讓諸毛孔所有的細胞，將諸佛的體性完全顯現。

（一）親近善知識

現代生活中，要具體實踐人間淨土，先要修學「十波羅蜜」來淨化自己，並利益他人。最高效的修行方式，是先親近善知識，並從善知識處聽聞正法，再將思惟正法，內化為自己的觀念想法，才開始去實踐及修行。

《華嚴經．入法界品》記載了善財童子發菩提心後，為得知：「菩薩云何學菩薩行？云何修菩薩道？」從莊嚴幢娑羅林出發次第南遊，參訪了五十三位善知識的故事。如經文所說：「善男子！汝不應修一善、照一法、行一行、發一願、得一記、住一忍，生究竟想；不應以限量心，行於六度，住於十地，淨佛國土，事善知識。何以故？善男子！菩薩摩訶薩應種無量諸善根，應集無量菩提具，應修無量菩提因，應學無量巧迴向，應化無量眾生界，應知無量眾生心，應知無量眾生根，……應普知一切世，應普行一切法，應普淨一切剎，應普滿一切願，應普供一切佛，應普同一切菩薩願，應普事一切善知識。」

善財童子五十三參，是代表從初發心一直到成佛，整個修學的過程，不離「人皆法師」、「觸類皆法」的綱領。根據《華嚴經疏》卷五十五：「謂知識雖多，不出二十類：一菩薩、二比丘、三尼、四優婆塞、五優婆夷、六童男、七童女、八天、九天女、十外道、十一婆羅門、十二長者、十三先生、十四醫人、十五船師、十六國王、十七仙人、十八佛母、十九佛妃、二十諸神、……並是如來海印所現。……皆是菩薩隨力現形。」善財童子五十三位參訪的對象，包括菩薩、比丘、比丘尼、童男、童女、外道、國王、長者，以及各行各業人士，詳如表二十一。

表二十一：五十三參總表

善知識	身分	地點	法門
1.德雲比丘	比丘	勝樂國妙峰山	憶念一切諸佛境界智慧光明普見法門
2.海雲比丘	比丘	海門國	普眼法門
3.善住比丘	比丘	楞伽道海岸聚落	供養諸佛成就眾生無礙解脫法門
4.彌伽上人	醫生	達里鼻荼國自在城	菩薩妙音陀羅尼光明法門
5.解脫長者	長者	住林城聚落	如來無礙莊嚴解脫法門
6.海幢比丘	比丘	摩利伽羅國	般若波羅蜜三昧光明解脫法門
7.休捨優婆夷	優婆夷	海潮普莊嚴園	離憂安隱幢解脫法門
8.毘目瞿沙仙人	仙人	那羅素國	菩薩無勝幢解脫法門
9.勝熱婆羅門	婆羅門	伊沙那聚落	菩薩無盡輪解脫法門

10.慈行童女	童子	師子奮迅城	般若波羅蜜普莊嚴法門
11.善見比丘	比丘	三眼國	菩薩隨順燈解脫法門
12.自在主童子	童子	名聞國	一切工巧大神通智光明法門
13.具足優婆夷	優婆夷	海住城	菩薩無盡福德藏解脫法門
14.明智居士	居士	大興城	隨意出生福德藏解脫法門
15.法寶髻長者	長者	師子宮城	菩薩無量福德寶藏解脫法門
16.普眼長者	長者	藤根國普門城	令一切眾生普見諸佛歡喜法門
17.無厭足王	國王	多羅幢城	菩薩如幻解脫法門
18.大光王	國王	妙光城	菩薩大慈為首隨順世間三昧法門
19.不動優婆夷	優婆夷	安住國	求一切法無厭足三昧光明法門
20.遍行外道	外道	無量都薩羅城	至一切處菩薩行法門
21.優鉢羅華長者	長者	廣大國	調和香法門
22.婆施羅船師	船師	樓閣城外海岸	菩薩大悲幢行法門
23.無上勝長者	長者	可樂城	至一切處修菩薩行清淨法門

24.師子頻申比丘尼	比丘尼	輸那國迦陵迦林城	成就一切智解脫法門
25.婆須蜜多女	淫女	險難國寶莊嚴城	菩薩離貪際解脫法門
26.鞞瑟胝羅居士	居士	善度城	菩薩所得不般涅槃際解脫法門
27.觀自在菩薩	菩薩	補怛洛迦山	菩薩大悲行解脫法門
28.正趣菩薩	菩薩	補怛洛迦山	菩薩普疾行解脫法門
29.大天神	神祇	墮羅鉢底城	菩薩雲網解脫法門
30.安住地神	神祇	摩竭提國菩提道場	不可壞智慧藏法門
31.婆珊婆演底主夜神	神祇	摩竭提國迦毘羅城	菩薩破一切眾生癡暗法光明解脫法門
32.普德淨光主夜神	神祇	摩竭提國菩提道場	菩薩寂靜禪定樂普遊步解脫法門
33.喜目觀察眾生夜神	神祇	摩竭提國菩提道場	大勢力普喜幢解脫法門
34.普救眾生妙德夜神	神祇	摩竭提國菩提道場	菩薩普現一切世間調伏眾生解脫法門

35.寂靜音海主夜神	神祇	摩竭提國菩提道場不遠處	菩薩念念生廣大喜莊嚴解脫法門
36.守護一切城增長威力主夜神	神祇	摩竭提國菩提道場	菩薩甚深自在妙音解脫法門
37.開敷一切樹華主夜神	神祇	摩竭提國菩提道場	菩薩出生廣大喜光明解脫法門
38.大願精進力救護一切眾生夜神	神祇	摩竭提國菩提道場	教化眾生令生善根解脫法門
39.妙德圓滿神	神祇	嵐毘尼園	菩薩於無量劫遍一切處示現受生自在解脫法門
40.釋迦瞿波女	釋種女	迦毘羅城	觀察菩薩三昧海解脫法門
41.摩耶夫人	佛母	迦毘羅城	菩薩大願智幻解脫法門
42.天主光天女	天女	三十三天宮	無礙念清淨莊嚴解脫法門
43.遍友童子	童子	迦毘羅城	推薦參訪善知眾藝童子
44.善知眾藝童子	童子	迦毘羅城	善知眾藝菩薩解脫法門
45.賢勝優婆夷	優婆夷	婆呾那城	無依處道場解脫法門

46.堅固解脫長者	長者	沃田城	無著念清淨莊嚴解脫法門
47.妙月長者	長者	沃田城	淨智光明解脫法門
48.無勝軍長者	長者	出生城	菩薩無盡相解脫法門
49.最寂靜婆羅門	婆羅門	出生城南之法聚落	菩薩誠願語解脫法門
50.德生童子、有德童女	童子、童女	妙意華門城	菩薩幻住解脫法門
51.彌勒菩薩	菩薩	海岸國大莊嚴園	入三世一切境界不忘念智莊嚴藏解脫法門
52.文殊師利菩薩	菩薩	普門國蘇摩那城	阿僧祇法門
53.普賢菩薩	菩薩	金剛藏菩提道場	一切佛剎微塵數三昧法門

從《華嚴經》的觀念來看，每一個人都是善知識，而且彼此互為善知識。並不是財富比較多，或地位比較高，才是善知識。甚至我們看善財童子，所參訪的五十三位，心裡面可能還有貪、瞋、癡的，也是善知識。可以知道，善知識有各種面向，可以從正面，也可以從負面的面向，這些都是可

以教導我們的老師。五十三位善知識，各有各的方法。善財童子第一個參訪德雲比丘，他可以憶念諸佛的莊嚴境界；第二位海雲比丘，可以用他的眼界，看到諸佛菩薩的光明現形。然後參訪善住比丘，供養諸佛成就眾生無礙解脫法門，他學的是一個沒有障礙，而能夠得到解脫的這種方法。

印度除了佛教以外，兩大修行方法：一個就是婆羅門教的享樂主義；另一個是六師外道的苦行主義。善財童子所參訪的勝熱婆羅門，表現出愚癡相背後，卻有一個菩薩無盡的解脫法門。善財童子所參訪的國王，瞋心很重，在他管制統治的國土裡，人民如有不按法令、違法犯紀的，都予以嚴懲，表現出瞋恨心的負面，也是一種反向的教育。另外，善財童子也參訪現出欲相的善知識，五十三參的善知識，竟然可以表現出貪欲的、瞋恚的，以及愚癡的面向。對於出現貪、瞋、癡的凡夫眾生及煩惱眾生，有什麼可以學習的呢？即便是這樣的情況，我們都可以學習從負面的角度得到解脫，我們可以看作都是菩薩化身示現，即便是個凡夫，也都是值得我們學習的。

（二）善財童子五十三參要義

澄觀大師所著的《華嚴經疏》，將善財童子五十三參的要義，以十相來說明。其中，「總相」顯示修行者求學不怠，尋師訪道。善知識決不吝法，傾力相授。「別相」則包括：「顯行緣勝」、「破愚執」、「除見慢」、「破偏空執」、「令即事即行」、「破說法者攝屬之心」、「顯寄位漸修入」、「顯佛法甚深廣」、「顯善財與友成緣起」等。《華嚴經》修學的方法，必須完全落實在我們日常當中，向各種善知識學習，在自己生活中去歷事鍊心，處事待人中鍛鍊，汰除妄心，提煉真心。

第一項是「總相而明」，顯示修行者求學不怠，而善知識傾力相授。佛陀的法身不生不滅，為什麼要示現般涅槃？佛陀如果一直在世的話，佛弟子們就會覺得很安全、很安心，不知道警惕。第二項「顯行緣勝」，真正善知識的修學，都是真修實證經驗之談。有的善知識表現出貪欲，有的表現出瞋恚，還有表現出愚癡，善財童子仍要跟著他學，包括負面的教案。第三項是

「破愚執」，對於善知識不要過分執著，不可以過分依賴。第四項「除見慢」，是善財童子沒有傲慢心，以清淨心、平等心，可以不恥下問。第五項「破偏空執」，不能住空，也不執有，應空、有兩邊都不能執著。

第六項要「令即事即行」，我們必須要注意，寧可少聞便能證入，不可多聞而不修證。第七項「破說法者攝屬之心」，不執著師徒關係，益我為友，人皆我師；所謂的善知識，所有跟我們接觸的人，都可以是善知識，不管他顯示的是正向的，或是負向的，都值得我們學習；而在日常生活中，行住坐臥，觸類成教，都是修行。第八項「顯寄位漸修入」，每位善知識介紹後面一位，按部就班，逐漸提昇境界去修行。第九項「顯佛法甚深廣」，善知識都能謙虛而互相推讓，凡夫只有不斷學習，歷事鍊心，才能達到究竟佛果。第十項「顯善財與友成緣起」，這些善知識或老師來幫助學生，其實學生也反過來幫了老師，就是所謂的教學相長，相輔相成，詳如表二十二。

在日常生活中，所有人、事、時、地、物，都是我們修行的情境，都是一個很好的境緣；我們的智慧就是藉事鍊心，透過情境鍛鍊生起智慧。所以

表二十二：十相要義

十相	釋義
1.總相而明	顯示修行者求學不怠，尋師訪道。善知識決不吝法，傾力相授。
2.顯行緣勝	真正善知識他們的修學，都是真修實證經驗之談。
3.破愚執	對於老師不要過分的執著，不可以過分依賴。
4.除見慢	求道應破除自己的傲慢成見，以清淨心、平等心，不恥下問。
5.破偏空執	入了空界之後，不能住空，也不執有，空、有兩邊都不執著。
6.令即事即行	寧可少聞便能證入，不可多聞而不修證。
7.破說法者攝屬之心	不執著師徒關係，益我為友，人皆我師。日常生活，行住坐臥，觸類成教，都是修行。
8.顯寄位漸修入	每位善知識介紹後面一位，按部就班，逐漸提昇境界去修行。
9.顯佛法甚深廣	善知識都能謙虛推讓，凡夫只有不斷學習，歷事鍊心，才能達到究竟佛果。
10.顯善財與友成緣起	老師幫助學生，學生也幫助老師，教學相長，相輔相成。

修行菩薩道，有兩個重要的觀念：第一個觀念是不用害怕煩惱，因為煩惱也是我們的老師。對善財童子而言，他所參訪的淫女、蠻橫的國王，還有愚癡的外道，雖然他們表現出煩惱相，這些煩惱相卻正好是能用於磨鍊心性，是很好的所緣境。第二個觀念是所有人都是我們的善知識，人皆我師。不但可以破除我們的高慢心，也可以破除執著心。我們願意放下身段不恥下問，卻不會對於善知識過分地攀緣依賴，這些都是善財童子在五十三參的過程中，希望讓我們了解的。如果我們看完參訪善知識的故事以後，善財童子仍然是是善財童子，普賢菩薩仍是普賢菩薩，我們依然故我，沒有激發半點轉凡成聖的大憤心，那就枉讀佛典，等於是入寶山，卻空手而回了。

千百億化身的釋迦牟尼佛有清淨的法身，但是為了救度娑婆世界的眾生，化現八相成道，從兜率天下、入胎、出生、出家、降魔、成道、轉法輪，一直到般涅槃，他等於是表演一場生、老、病、死的過程，讓我們眾生可以從中學習。佛的三身，法身、報身和化身是一體的，是一而三、三而一的，所以我們從華嚴三聖來看，最中間是毘盧遮那佛，左側的文殊菩薩代表智慧，右側的普賢菩薩代表行願，這三位一佛二菩薩，他們是已經成就了，他們的境界當然很高。然而，只要我們願意發菩提心、行普賢願，也終能圓成佛道。

從整個華嚴系統的學習跟修行，我們可以看到十地的過程次第井然，但每一地也可以通達十地，十地又跟諸地互攝互入，沒有互相牴觸，這個境界很高，具體的學習，就是要和善財童子一樣，首先要學會接近善知識，透過善知識的教導循序漸進修行，以普賢菩薩的十大願王為人生導航。這十項大願，諸佛菩薩也都學過。我們必須要把握住重點，讓每一項大願都能夠發展到無窮、無量、無盡，因為心量跟格局放得愈大，功德就愈大，我們的成就也就會愈快。

雖然修行的過程，需要三大阿僧祇劫，修行到初地，就要一大阿僧祇劫，第二大阿僧祇劫修到七地，然後還要再經一大阿僧祇劫的修行，才能到圓滿等覺，最後才成佛。然而，《華嚴經》說：「初發心時，便成正覺。」只要發心成佛，對修行充滿信心，一定能夠滿願。我們的每一念都會牽動整體法界，不要小看自己的心念和力量，不只善惡在一念之間，成佛其實也在一念之間。菩薩的願是盡虛空、遍法界，永不疲倦的，當我們能融入重重無盡的廣大普賢行願，便能條條道路皆是菩薩道，轉人生苦海為諸佛願海。

（三）日常生活的運用

想要在日常生活運用《華嚴經》的教理方法，必須先向善知識參學，從善知識處聽聞正法，建立正確的觀念，掌握住修行方法及重點，才開始去運用。日常生活實踐《華嚴經》的方法，建議依照觀念、思考、行動、成效等四個步驟來進行，並循環增上，達到智慧功德能夠重重無盡的目標，詳如表二十三。

在觀念上，從華嚴教理的「法界平等」、「五教圓滿」思想，建立平等圓滿的觀念。在思考上，採用「六相圓融」、「十玄互攝」的系統思考方法。在行動上，將布施、持戒、忍辱、精進、禪定、般若、方便、願、力、智等「十波羅蜜」法門，歸納為歡喜修善、身心安定、增長智慧、善巧利人

表二十三：生活運用四步驟

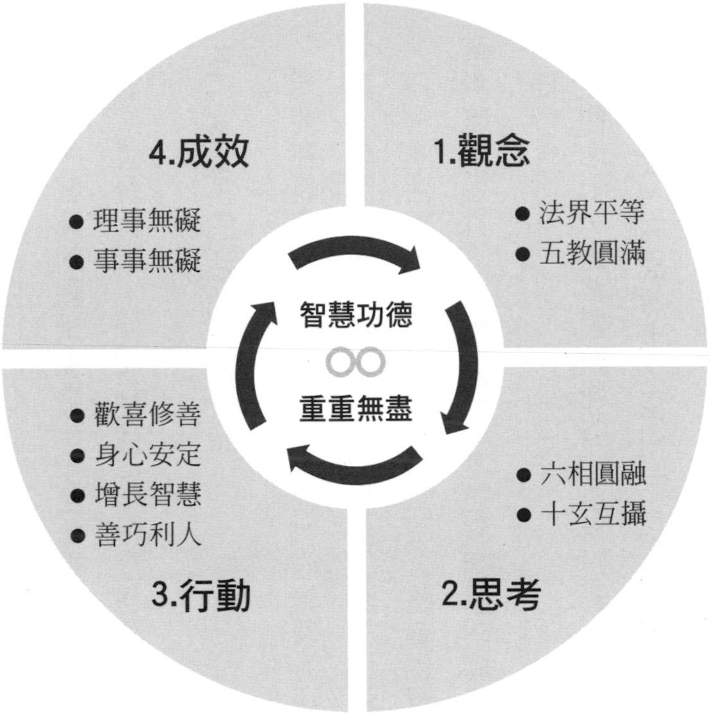

等四項利人利己的實際行動。在成效上，借由生活的歷事鍊心，達到「理事無礙」、「事事無礙」。

1.建立平等圓滿的觀念

華藏世界體現出一種既多元又統一的世界結構，也就是所謂的「一真法界」；不論是六道凡夫的天道、人道、阿修羅道、畜生道、餓鬼道、地獄道，或解脫聖者的聲聞、緣覺、菩薩、佛，本來具足清淨平等的心性，最後都歸結在平等與圓融的境地，成為「一切眾生都能成佛」的理論基礎。藉由「一真法界」的觀念，我們除了可以深信所有的六道眾生，都可以透過努力修行，而成為解脫的聖者，最重要的關鍵，則在於表顯出「法界平等」的特性。

另外，華嚴宗的「五教分判」，統攝了大、小乘佛法，綜合佛陀應機施教的各種經教，成為一種圓滿無礙的教理系統。「五教分判」除了讓大眾更容易了解修行的次第和階段，也揭示了「五教圓滿」的圓教思想。先從小乘教階段開始，建立斷煩惱、求解脫的基礎能力；再進入大乘教階段，幫助一切眾生得解脫。大乘教又分為始、終、頓、圓等階段，每個階段互相輔助，義理可以頓悟，事需漸修；了解正確的義理後，必須確實地去修證，直至圓滿。現代社會中，充滿著各式各樣的多元價值觀，讓人覺得對立衝突，我們可以藉由華嚴教理的「法界平等」及「五教圓滿」思想，在複雜而多元的現代，建立平等圓滿的觀念。

2.採用圓融互攝的思考

現代的網際網路上，充斥著各種不同的爆量資訊。我們可以採用「六相圓融」的系統思考方法，進行分析及處理，以獲得正確及有用的資訊。系統思考是把所有的事物看作一個完整的體系，除了要看到整體和組成部分，還要看到這些組成部分之間的相互作用，並以總體的角度，把不同的資訊加以處理和協調。

系統思考的作用，能夠帶來整體觀，也能夠消融矛盾及對立。藉由總、別二相的觀察，可以深入了解系統的組成，掌握系統整體性；同、異二相的觀察，能夠確實了解系統的性質，掌握系統關聯性；而成、壞二相的觀察，可以清楚了解系統的狀態，掌握系統動態性。熟練「六相圓融」的觀念，常常做系統思考的訓練，可以使我們在工作、事業、家庭等生活實務上，能夠看得更完整，幫助我們掌握真正的重點，解決實際的問題，發揮出最佳的能力。

另外，現代社會的人際關係十分密切，也充滿了緊張及對立，深入了解「一乘十玄」的教理，可知萬事萬物之間的關係都是交互、對等的，且構成「互相攝入」的關係網絡。一切關係都是相互依待、相互關聯的。彼此之間都是依平等性、相互性，互為因緣而彼此相依相成，而不致互為障礙。在緊張忙碌的現代社會中，我們可以採用「十玄互攝」的思維方式，來發展互助和諧的人際關係。有了圓融互攝的思考方式，我們可以進一步將華嚴宗之平等圓滿的觀念，落實在利人利己的行動。

3. 進行利人利己的行動

現代社會生活，個人與群體已經是不可分割的狀態。利益他人，最終也會利益到自己；傷害他人，最終也會傷害到自己。利人利己不只是菩薩的戒條與信念，也是現代社會的普遍價值。我們在日常生活中，可以修學「十波羅蜜」法門，展開歡喜修善、身心安定、增長智慧、善巧利人等四項利人利己的實際行動。其中，修學「布施波羅蜜」、「持戒波羅蜜」、「忍辱波羅蜜」、「精進波羅蜜」等，可以讓自己在行善助人的過程中，充滿法喜和愉悅，讓我們在緊張忙碌的現代社會中，平安而幸福地生活。修學「禪定波羅蜜」，可以讓自己的生理達到輕安快樂的狀態，心理達到放鬆穩定的狀態，這樣就可以在充滿壓力的現代生活中，保持身心健康快樂，同時也可以幫助別人，保持身心健康快樂。修學「般若波羅蜜」，能夠增長智慧及慈悲，可以讓自己找到「真空」與「妙有」的動態平衡點，幫助自己在工作、事業、家庭等生活實務上，自在面對種種問題，並圓滿處理。有了智慧力及慈悲力，再修學「方便波羅蜜」、「願波羅蜜」、「力波羅蜜」、「智波羅蜜」，就可以運用善巧方便及大願智力來協助他人，並且發揮一己所長貢獻社會。自己不但可以增進經驗、知識及智慧，成就更圓滿的人生，並可進而達到「事事無礙」的境界。

4.達到事事無礙的成效

華嚴宗所提出「四法界觀」，一方面開出廣大無盡的事相世界，另一方面又根據理性作用，把它們融貫起來，使之銜接成一個整體而無礙的系統。「事法界」就是現象和作用，而「理法界」指的就是理論和體性；「理」的體現，與「事」的作用，是互為一體兩面的，所以理與事是可以融通的，就是所謂的「理事無礙」。若對任何事物，都可以做到「理事無礙」，就可達到周遍含容的「事事無礙」了。

在日常生活中，所有人、事、時、地、物，都是我們修行的情境，遇到任何考驗，運用思考來解決問題，就可以不斷地增長智慧。為了實踐佛法中的「真空妙有」的境界，達到勝義諦「真空」與世俗諦「妙有」的二諦融通，華嚴宗在修行實務上，使用「理」與「事」的圓融無礙，把理想界與現實界圓滿地聯繫起來。理論與事相之間，或是理想與現實之間，本來就存在差距；而修行就是面對這種差距，不生起煩惱與執著，而是發揮智慧，找到最佳的平衡狀態，稱之為「理事無礙」。

在日常生活中，所接觸到的任何內外情境，都可用來歷事鍊心，達到「理事無礙」及「事事無礙」，如此不斷成長，最終必能一切圓滿無礙。

結語

很多人想要要修學《華嚴經》，卻不知從何修起，很多祖師大德都建議從〈十地品〉入手。修學華嚴法門，必須對整個菩薩「十地」修學的關鍵次第和重要步驟，有深入地了解。世親菩薩所著的《十地經論》，可說是最重要的註釋書，詳細地解說菩薩十地的各地修行方法及重點，幫助我們從初地開始，不斷地過關成長，獲得更高層次的修行境界。

對於《華嚴經》的教理理解，要特別注意華嚴祖師所揭櫫「法界緣起」、「五教分判」、「六相圓融」、「一乘十玄」等四項重點，並運用於修行實務上。十地的修行，我們可以用「漸次止觀」的方式，逐地修學每一種波羅蜜法門；也可以用「圓頓止觀」的方式，達到止觀雙運、定慧等持。法無高下，最重要的是能找到適合自己的修行法門。

從量子科學來看，無論是凡夫或聖賢，都是由同樣的量子所組成，只要我們能像聖賢一樣，斷除煩惱惑業，讓身心處於「量子穩態」，就可以成就佛道，達到清淨平等、涅槃解脫的狀態。每個量子都可以發揮出巨大的能量，以及超越時空的能力。每個時代有不同的修行環境因緣，有的人看到世風日下，人心不古，邪說橫行，便認為我們正處身於末法時代，如果能修學華嚴，將發現無論身在哪裡，只要心與十方諸佛相連，當下即是美好的淨土世界。因此，隨著現代的網路科技生活發達，我們不應蝸居在自己的身心煩惱裡，應該從四通八達的網路「現代因陀羅網」，直接體驗華嚴重重無盡的世界觀，事事無礙，不斷地放大自己的心胸，並拓寬生命的格局。

實踐人間淨土並非遙不可及，只要時時都能透過「十波羅蜜」，在利益他人中來成長自己，處處都能以普賢菩薩的十大願王為修行方向，指引修學，「以願導行，以行踐願」。能夠如此，所發的每一念都是菩提心，所做的每一件事都是普賢行，即使身非十地菩薩，即使身處三界火宅，所在之處也必定是「清涼地」，能夠火焰化紅蓮，煩惱即菩提。

智慧人 46

步步成佛——華嚴入門與十地修行

Step by Step to Attain Buddhahood:
Introduction to Huayan Buddhist Philosophy and the Ten Bodhisattva Stages of Practice

著者	釋法源
出版	法鼓文化
總監	釋果賢
總編輯	陳重光
編輯	張晴、李金瑛
封面設計	周家瑤
內頁美編	小工
地址	臺北市北投區公館路186號5樓
電話	(02)2893-4646
傳真	(02)2896-0731
網址	http://www.ddc.com.tw
E-mail	market@ddc.com.tw
讀者服務專線	(02)2896-1600
初版一刷	2022年6月
初版二刷	2022年12月
建議售價	新臺幣220元
郵撥帳號	50013371
戶名	財團法人法鼓山文教基金會—法鼓文化
北美經銷處	紐約東初禪寺 Chan Meditation Center (New York, USA) Tel: (718)592-6593　E-mail: chancenter@gmail.com

法鼓文化

國家圖書館出版品預行編目資料

步步成佛：華嚴入門與十地修行 / 釋法源著. -- 初版. -- 臺北市：法鼓文化, 2022.06
面；　公分
ISBN 978-957-598-959-0(平裝)

1. CST: 華嚴部

221.2　　111005804